KB119600

나를 안아주는 그림
나를 치유하는 미술

마음이 지친 이들을 위한 미술 처방전

나를 안아주는 그림
나를 치유하는 미술

김소울 지음

읽어주는 예술의 지혜선 05

들어가며

 # 마음이 지친 이들을 위한
미술 처방전

나는 마음에 관한 강연을 전국적으로 1만 회 이상 다녔다. 그때마다 강연을 시작하기에 앞서 던지는 질문이 있다.

"요즘 어떤 감정과 함께 살고 있나요?"

최근 자신의 기분은 어떻고, 어떤 생각들이 자신을 지배하고 있는지 확인해본다. 참여자들에게 그 감정의 이름은 무엇이고, 그런 감정을 느낀 이유는 무엇인지 묻는다.

'행복하다' '화난다' 같은 강렬한 감정을 느낀 사람들이 많은 것

폴 고갱, 〈우린 어디에서 왔고, 무엇이며, 어디로 가는가〉, 1897

같지만, 정작 '무기력하다' '지친다' '정신없다' 같은 감정을 느낀 사람들이 더 많았다. 열심히 살아온 것 같은데 지금 내가 잘하고 있는지 모르겠다고도 하고, 한참을 달려왔는데 남들과 비교해보니 제자리인 것 같다고도 한다.

바쁘게 살았는데 왜 살아온 시간이 허무하게 느껴지는지, 지금 내가 선택한 길이 맞긴 한지, 이제 와서 뭔가를 새롭게 시작하기에는 늦은 나이가 아닌지. 이런저런 생각이 든다고 한다.

인생을 조금 더 산 선배님들은 이렇게 말한다.

"네가 좋아하는 것을 해, 그게 최고야."

그런데 이런 말을 들었을 때 더 답답하다. 내가 무엇을 좋아하는지, 정말로 하고 싶은 것이 무엇인지 떠오르지 않으니 말이다. 좋아하는 것이 없었나, 해야 하는 것이 좋아하는 것을 억눌러 무뎌졌나, 내가 많이 지쳤나. 이런 생각이 들 때 스스로에게 묻는다.

"나는 지금 어디에 있고, 또 어디로 가는 걸까?"

그림을 보는 마음은 의미 있다

나는 미술작품을 보여주며 혹은 함께 그림을 그리며 마음을 치료하는 미술치료사다. 그런데 사람들은 내게 와서 인생을 묻는다. 그림 한 장을 두고, 어떻게 살아야 하는지 또 무엇을 배울 수 있을지 묻는 것이다. 아마도 그림 한 장이 인생을 반영하는 거울이 될 수 있다고 믿기 때문일 것이다.

마음을 다루는 방식들은 많다. 글, 운동, 음악 등으로 마음을 채울 수도 있다. 반면 나는 그림을 보여준다. 그림 감상은 큰돈을 들이지도 않고, 몸을 움직이지도 않으며, 사람들을 만나지 않으면서도, 부담스럽지 않게 접할 수 있기 때문이다.

사람들과 함께 그림을 보면서 공감하는 작업을 할 때 재밌는 점은 같은 그림을 보더라도 사람에 따라 전혀 다르게 해석하는 경우

오딜롱 르동,
〈키클롭스〉, 1914

가 많다는 것이다. 그림을 보며 느낀 감정들은 늘 가지고 있지만 제대로 들여다보진 못한 값진 마음의 목소리를 들려주기 때문이다. 그래서 그림을 보는 마음은 의미 있다.

　대학원 미술치료 수업을 진행하면서 학생들에게 과제 하나를 냈다. 검색 사이트에서 '명화'라고 검색해 불편함을 주는 이미지를 찾고 무엇이 불편하게 하는지 적어오는 과제였다.

　한 학생이 오딜롱 르동의 〈키클롭스〉를 가져왔다. 키클롭스는 그리스 로마 신화에 나오는 외눈의 거신이다. 〈키클롭스〉는 키클롭스 폴리페모스가 님프 갈라테이아를 사랑하지만 마음을 전하지 못하고 멀리서 지켜보는 장면을 그린 작품이다. 아련하고 몽환적인 분위기가 일품이다.

그러나 이 그림을 가져온 학생은 나체의 여자를 괴물이 관음하고 있어 불편하다고 말했다. 보여주고 싶지 않은 사생활을 누군가 인기척도 내지 않고 몰래 관찰하고 있다는 느낌이 들어 소름 돋는다는 표현과 함께 말이다.

당시 그 학생은 자신을 괴롭히던 스토커 때문에 심리치료를 받는 중이었다. 그래서 이 그림이 거북하게 다가왔을 테다. 지금의 내 마음이 그림과 만났고 그림이 내게 '넌 지금 이것이 불편해'라고 말해주고 있는 것이다.

심리적으로 도움이 되는 그림들

그림을 감상할 때 '이럴 땐 이런 그림'이라고 공식처럼 되어 있는 것은 없다. 그러나 특정 상황에 높은 확률로 도움이 되는 그림들은 있다. 예를 들어 활력이 많이 떨어지거나 쉼이 필요한 이에겐 조지 던롭 레슬리의 〈장미들〉을 보여주곤 한다.

황금빛의 노란색은 활력을 돋아준다. 부드러운 노란 색감은 토지의 색 갈색과 어우러져 안정감을 준다. 우아한 황금빛 드레스를

조지 던롭 레슬리, 〈장미들〉, 1880

입은 여성에게선 여유로움도 느껴진다. 눈을 지긋이 감고 장미향을 콧속 깊이 들이마시는 모습이 머리 위 거울에 고스란히 비친다. 오늘 하루 많은 일이 있었지만 지금만큼은 모든 것을 내려놓고 푹 쉴 수 있을 것 같다.

　이제 내게 적용해보자. 편안한 감정을 느낀 때는 언제였는지, 가장 편안함을 느끼는 장소는 어디인지, 누구와 있을 때 가장 편안한지. 대답은 각자 다를 것이다.

　이 책『나를 안아주는 그림 나를 치유하는 미술』은 다양한 그림을 여러 심리적 요소들과 함께 설명하고자 했다. 그러나 그림을 일방적으로 받아들이는 방식의 설명은 곁들이지 않았다. 각자 받아들이는 과정이 다르고 그런 과정이 모두 의미 있다고 생각하기 때문이다.

지금부터 그림을 한 장씩 소개해보려 한다.

그림과 글을 함께 눈에 담아가며, 그림에서 느껴지는 감정들과 그림에 담긴 이야기들이 내 삶의 어떤 부분과 맞닿아 있는지 살펴보는 시간을 가졌으면 한다.

그림과 글을 섭취했다면 이제 스스로에게 질문해볼 수 있다. 나는 지금 무엇이 필요한지, 무엇이 나를 불편하게 하는지, 나는 무엇으로 살아있음을 느끼는지.

2023년 가을의 초입에서
김소울

목차

4부

성숙한 삶을 위해 실천해야 하는 것들
내면의 힘으로 삶을 가득 채우기

1부

더 나은 내가 되기 위한
심리 연습

내 안의 목소리에 귀 기울이는 법

내 삶을 건강하게
지지해주는 것들

자존심, 자신감, 자존감

심리학에선 비슷해 보이는 용어들이 혼재되어 사용된다. 회복탄력성, 자아존중감, 자존심, 자기효능감, 자신감 등이 그렇다. 이 용어들은 유사한 분야에서 사용되지만 분명히 구분된다. 과거보다 최근에 더 폭넓게 사용되고 있는 만큼 적재적소에 사용하는 것 또한 발화자에 대한 신뢰를 높일 수 있는 좋은 방법일 것이다.

심리치료 전문가로 일하면서 질문을 가장 많이 받은 부분은 자존감과 자존심, 자신감의 차이다. 외형도 비슷해 사용처가 명확히 설정되지 않으면 잘못 사용하는 경우가 꽤 있기 때문이다. 발음까지 유사한 자존심, 자신감, 자존감을 따로 또 같이 들여다본다.

폴 세잔의 자존심

흔히 '자존심'이 자존감보다 센 개념이라고 생각한다. 그러나 둘은 강도의 차이가 아니다. 자존심은 '타인'이 관련되어 있고 자존감은 '자신'이 관련되어 있다. 표준국어대사전에 '남에게 굽히지 아니하고 자신의 품위를 스스로 지키는 마음'이라고 명시되어 있는 것처럼 '남에게 굽히지 않는다'라는 조건이 자존심의 핵심이다.

프랑스의 후기 인상주의 화가 폴 세잔은 자존심 때문에 자신과 소중한 사람들을 불행하게 만들었다. 그의 아버지는 금융 회사의 창립자이자 대표였다. 아버지는 아들이 로스쿨에 가서 은행의 법무를 도와주길 원했고 자신의 은행을 이어받길 바랐다. 그러나 세잔은 아버지의 뜻을 거스르고 화가의 길을 택한다.

경제적 도움은 아버지가 아닌 친구 에밀 졸라에게 받는다. 그러나 세잔은 자신을 그렇게도 지지해줬던 절친 졸라와 결별한다. 졸라의 소설 『작품』의 주인공은 자신에게 예술적 재능이 없다는 사실을 깨닫고 자살하고 마는데, 그가 세잔 자신을 표현한 것 같다는 이유에서였다. 졸라는 사실이 아니라고 세잔을 설득하려 했으나 세잔은 졸라와의 연을 매몰차게 끊어버린다.

세잔은 〈카드놀이 하는 사람들〉 시리즈를 즐겨 그렸다. 카드놀이는 당시 농작 일을 하는 남자들의 소일거리였던 반면 여유 있는 사람들의 놀이는 아니었다. 세잔은 죽을 때까지 자신의 정체성을 가

상. 폴 세잔, 〈카드놀이 하는 사람들〉, 1895
하. 100프랑 지폐 앞면, 1997

난한 노동자에 둔 것으로 추측된다. 그런가 하면 〈카드놀이 하는 사람〉은 1997년 프랑스에서 발행한 100프랑 지폐에 세잔의 얼굴과 함께 그려져 있는 작품이다.

세잔은 마리 오르탕스 피케와 가정을 꾸려 아들까지 낳았으나, 아버지가 인정해주지 않을 거라는 생각에 돌아가시기 직전까지 소개하지 않았다. 결국 아버지가 돌아가시고 막대한 유산을 상속받았으나 세잔은 그 돈을 한 푼도 쓰지 않고 가난한 생활을 유지했다.

세잔이 자존심을 조금만 굽히고 부모님께 자신의 꿈을 좀 더 설명했더라면, 믿어주는 친구 졸라의 말에 좀 더 귀를 기울였다면, 사랑하는 여인과 아들을 부모님께 인사드렸더라면, 아버지가 남긴 유산을 사용했더라면 하는 아쉬움들이 진하게 남는다. 그랬다면 세잔의 삶은 어떻게 달라졌을까. 세잔은 자신의 작품이 세간에 인정받는 모습을 보지 못한 채 1906년 폐렴으로 쓸쓸히 세상을 떠났다.

앤디 워홀의 자신감

'자신감'은 스스로를 믿는 감정으로 '용기'에 포함되는 개념이다. 자신감이 높으면 남보다 쉽게 대범한 행동을 할 수 있고, 좋지 않은 결과를 만나더라도 부정 상태에 오래 머물러 있지 않는다. 반면 자신감이 낮으면 준비를 많이 하더라도 발표하거나 표현할 때 어려움을 겪는다.

자신감은 특정 상황에서 주요하게 사용되기도 한다. 예를 들어 스페인에서 체류한 적이 있는 사람은 스페인 회사와의 거래에서 언어적 자신감이 있을 것이다.

스스로 특히 잘한다고 느껴지는 것에 대해 더 잘할 수 있다고 느끼는 것, 나아가 난 잘할 거라고 느끼는 큰 개념까지도 자신감이 관장한다. 자기효율성과도 밀접하다.

앤디 워홀은 20세기를 대표하는 팝 아티스트다. 지금은 팝 아트의 황제라고 불리지만, 그가 팝 아트를 시작할 때 미술계의 시선은 차갑기 이를 데 없었다.

워홀은 실크스크린에 대중적 이미지를 복제해 전시하는 방식의 작업을 시도했다. 남들이 다 아는 사진들과 편집된 이미지들이 실크스크린에 공장처럼 인쇄되는 것이다.

화가의 붓 터치 한땀 한땀과 고뇌의 흔적은 찾아볼 수 없다는 이유로 작품을 비난하는 목소리도 높았다. 그러나 그런 방식이야말로 워홀이 가장 잘하는 일이었다. '자신이 가장 잘하는 일을 하라'는 말은 누구나 듣고 자라지만, 그처럼 창의적으로 표현한 사람은 많지 않다.

워홀은 카네기멜런대학교에서 광고예술을 전공하고 1952년 신문광고 미술 부문의 아트 디렉터스 클럽상을 수상했다. 이후로도 상업 디자이너로 일을 하다가 전업 예술가로 전향한다. 그러했기에 그가 자신 있던 일은 대중에게 '시각적인 작품을 광고적으로 노

앤디 워홀,
〈3명의 엘비스〉, 1963

출하는 것'이었다.

그는 작업실조차 'factory'라고 이름 짓는 등 자신이 가지고 있던 재능과 경력을 예술에 적용하는 데 머뭇거림이 없었다. 일명 '정통 예술가'가 아니었기에 쏟아지는 비난 중에서 필요한 것만 받아들여 남기고 창작에 응용했던 자신감은 그가 남긴 명언 "그들이 당신에 대해 뭐라고 하든 신경 쓰지 마라. 다만 그것을 자세히 평가하라."에 고스란히 담겨있다.

앙리 드 툴루즈 로트렉의 자존감

'자존감'은 자기 스스로 평가하는 주관적인 가치감이다. 스스로 가치의 기준을 설정하고 타인이 아닌 자신의 시선으로 가치를 만드는 것이 자존감이다. 일반적으로는 '나를 사랑하는 마음'이라는 말로 사용되고 있다.

자존감의 정의를 살펴보면 주목해야 하는 것은 간단하다. 내 자존감의 주체가 타인이 아니라 '나'라는 점과 가치감이 객관적인 것이 아니라 '주관적'이라는 점이다.

자존감을 이야기할 때 빠질 수 없는 인상주의 화가가 있다. 프랑스의 귀족 출신 화가 앙리 드 툴루즈 로트렉이다.

로트렉의 부모님은 귀족의 피를 지킨다는 명분하에 결혼한 사촌지간이었다. 근친으로 인한 유전적 질환을 가지고 태어난 로트렉은 열네 살 때 의자에서 떨어지면서 다리의 성장이 완전히 멈춰버리고 만다.

이후 어머니는 아들이 원하는 미술 교육을 받을 수 있게 전폭적으로 지지해줬다. 파리로 유학 간 로트렉은 몽마르트르 물랑루즈를 중심으로 자신만의 그림을 그려나가기 시작한다. 그는 '장애인'의 꼬리표를 달고 있었지만 자존감을 구성하는 주관적 가치에선 아무런 문제가 되지 않았다.

로트렉은 종이의 인쇄물이라 여기는 포스터를 작품으로 승화시

앙리 드 툴루즈 로트렉,
〈메이 밀튼〉, 1895

켰다. 그저 벽에 붙이는 포스터일 뿐이었지만 로트렉이 예술혼을 불어넣자 3천 장에 달하는 포스터가 벽에 붙이자마자 동이 났다. 포스터는 예술이 아니라는 당대 대중의 목소리에 반박하듯, 사회적 편견으로 차별받는 소수자들을 대하는 대중의 태도를 향한 강한 일침이었다.

로트렉의 예술적 정신과 포스터의 퀄리티는 파블로 피카소도 감동시켰다. 피카소는 그의 작품 〈푸른 방〉 속에 로트렉의 〈메이 밀튼〉 포스터를 그려 넣어 그를 향한 존경심을 표한 바 있다.

건강한 삶을 위해서

자신감, 자존감, 자존심. 살아가는 데 필수적인 것들이다. 건강한 삶을 위해 필수불가결하며 얼마나 적절히 활용하는지가 중요하다.

추가적으로 언급할 수 있는 것은 자기효능감이다. 자기효능감은 캐나다의 심리학자 앨버트 반두라가 사용한 용어로 어떤 상황에 처하든 적절한 행동을 취할 수 있다는 기대와 신념을 말한다. 해야 할 일을 아는 것과는 다르다. 일을 효율적으로 적절히 잘할 것인가에 대한 개념이기 때문이다.

두 번째로 언급할 수 있는 것은 회복탄력성이다. 때론 자존심이 상하기도 하고 자존감이 떨어지기도 하며 자신감이 없어지기도 한다. 그러나 실패를 겪었을 때 이를 오히려 도약의 발판으로 삼아 더 높이 뛰어오를 수 있는 마음의 힘은 각자 다를 것이다.

어릴 적 가지고 논 공들을 생각해보면 야구공, 농구공, 축구공, 탱탱볼, 심지어 비비탄까지 동일한 원형 모양이지만 바닥에 떨어진 후 튕겨 올라오는 탄력성은 모두 다르다. 각각의 공이 바닥에 부딪힌 후 다시 위로 튀어 올라오는 것을 회복탄력성이라고 보면, 사람도 각각 지니고 있는 회복탄력성의 정도가 다를 것이다.

회복탄력성은 상대적이고 또 안정적이지도 않다. 불행한 사건 혹은 기대하지 않은 불쾌한 사건을 겪은 후 사람의 반응은 모두 다르기 때문이다.

어떤 이는 고통 속에 그대로 머물러 있고, 어떤 이는 고통 받기 이전 상태로 돌아가고, 어떤 이는 고통을 극복하며 더 성장한다.

회복탄력성은 기질적으로 타고나기도 하지만 성장하며 만들어진 개인의 성격이 반영되기도 한다. 그러나 배경과 환경은 개인이 가지고 있는 회복탄력성과 무관하게 전혀 다른 모습을 보이게 만들기도 한다. 아무리 좋은 회복탄력성을 갖고 있더라도 가족의 죽음 앞에선 무기력한 모습을 보일 수밖에 없을 거라는 이야기다.

상기 언급된 단어와 정의를 암기하는 것은 큰 의미가 없을 것이다. 다만 이 차이를 이해하고 이 용어를 적재적소에 잘 사용하는 것이 중요할 것이다. 또 나는 어떤지, 나의 자존감은 잘 지켜지고 있는지, 불필요한 자존심을 내세우고 있진 않은지, 자신 있는 일을 놓치고 있진 않은지, 나는 잘 회복하고 있는지 스스로에게 질문해보자. '그렇다'라고 대답할 수 있다면 건강하게 잘 살고 있다고 말할 수 있을 것이다.

나의 목소리에
귀를 기울일 시간

통제위치

원치 않는 사건이 일어났을 때 또는 생각한 대로 일이 잘 풀리지 않을 때, 기분이 좋지 않다.

그런데 같은 상황에 대한 반응은 사람마다 다르다. 운이 좋지 않았다고 생각하는 사람이 있는 반면 준비를 잘 안 했더니 이런 일이 생겼다고 생각하는 사람도 있다.

둘의 차이는 무엇일까.

어떤 사건이 일어났을 때 삶을 대하는 태도와 나에 대한 신뢰가 중요하다는 이야기는 수많은 자기계발서와 유튜브에 차고 넘치게 있다.

과거에는 신선했던 소재인 자존감도 수없이 다뤄졌다. 자존감에는 자기 자신을 사랑하고자 노력해야 한다는 반복되는 설명도 덧붙여진다.

문득 '번거롭게 이런 노력까지 하면서 살아야 할까'라는 생각도 든다. 시간은 똑같이 흘러가고 주어진 업무를 수행하면 되는 것이며 태도에 상관없이 돌아가는 상황은 비슷할 텐데, 왜 이런 부가적인 노력을 해야 할지 의문이 드는 것이다.

그 이유를 '통제위치'라는 단어에서 찾을 수 있다. 통제위치는 사건의 원인을 자신이 조절할 수 있는 부분에 귀인하는지 조절할 수 없는 부분에 귀인하는지 연구하는 심리학 용어다. 전자는 내적 통제위치가 높고 후자는 외적 통제위치가 높다.

인간을 포함한 많은 동물이 스스로 조절할 수 있는 상황에 대한 믿음이 사라졌을 때 삶의 방향성이 더욱더 부정적으로 흘러갈 수 있으며, 이후의 사건들도 어쩔 수 없다고 치부해버리는 경향성이 있다.

########## 승리자와 패배자

카인과 아벨은 구약성경의 창세기에 등장하는 인물로, 아담과 이브의 자식들이다.

피터 폴 루벤스,
〈카인과 아벨〉, 1609

　첫째 카인은 농사를 짓고 둘째 아벨은 유목 생활을 했다. 농사를 짓는 카인은 곡식을 바쳐 하느님의 사랑을 받았는데, 아벨이 질투해 결국 다툼 끝에 아벨이 카인을 죽인다.

　건장해 보이는 두 남자의 싸움은 팽팽해 보였으나, 결국 아벨이 승리하고 카인이 패배한다. 이후 둘의 태도는 달라졌을까? 플랑드르의 바로크 화가 피터 폴 루벤스가 아벨이 승리하는 순간을 생생히 묘사했다.

　사건의 결과에 대한 믿음이 이후의 행동에 미치는 영향은 인간과 가까운 영장류는 물론 강아지를 포함한 포유류, 심지어 갑각류인 가재들의 행동 연구에서도 찾아볼 수 있다.

바다에 사는 가재들은 영역을 지키고자 다른 가재와 집게발을 휘두르며 싸우는 경우가 잦다. 싸움이 끝나면 승자와 패자가 생기는데, 여기서 주목할 만한 것은 싸움 이후 바닷가재의 모습이다.

승리한 바닷가재는 세로토닌 수치가 상승하고 몸이 유연해지면서 몸집이 싸움 전보다 더 커 보인다. 반면 패배한 바닷가재는 세로토닌 수치가 낮아지면서 몸이 위축되는 결과를 보였다.

패배한 바닷가재는 상대와 더 이상 싸우려 하지 않거니와 과거에 이겼던 상대와도 싸우려 하지 않는다. '난 더 이상 이길 수 없을 거야'라는 패배감에 빠져버리는 것이다.

중요한 것은 패배한 바닷가재도 과거에는 누군가와 싸워 이기기도 했다는 점이다. 그러나 패배한 바닷가재는 과거의 승리를 모두 지워버린 듯 경쟁할 의사가 한동안 사라져버린다.

바닷가재는 싸움의 패배가 어쩔 수 없는 힘의 차이라고 인식하고 자신이 그 상황을 바꿀 수 없다는 사실을 직감한다. 외적 통제위치와 무력감이 동시에 발생하는 것이다.

재밌는 점은 싸움을 직접 관람하지 않은 다른 바닷가재들도 위축된 바닷가재를 보면 단번에 낮은 서열임을 알 수 있다는 것이다. 자신에 대한 믿음의 차이가 다른 가재들에게도 전달된다.

빈센트 반 고흐,
〈슬퍼하는 노인〉, 1890

_____ 있는 그대로 받아들이지 못하는 성공

    빈센트 반 고흐의 그림 〈슬퍼하는 노인〉 속 노인은 머리를 움켜
쥔 채 의자에 앉아 있다. 고흐가 자살한 해에 그려진 이 그림 속 인
물에 고흐 자신의 절망감이 투사되어 있다. 인생의 패배를 맛본 사
람들은 싸움에서 패배한 바닷가재와 유사한 패턴을 보인다.
    성장하고 살아오는 과정에서 여러 번의 성취감을 맛봤더라도 한 번의 실패가 인생을 크게 무너뜨리기도 한다.

문제는 그 이후에 좋은 일이 생기거나 노력한 결과를 성취했을 때도 '열심히 했더니 좋은 결과가 생겼다, 또 해보자!'라고 외치던 모습은 온데간데 없어지고 '에이, 이번에 운이 좋았지 뭐' 혹은 '거래처를 잘 만난 거지 뭐' 등 외부적인 요인들이 자신에게 도움이 되었다고 생각해버린다는 것이다.

혹시 다시 실패할까 봐 두려워 소극적이 되기도 하고 평소처럼 즐기지 못하며 어깨가 축 처지고 마는 것이다.

인간은 바닷가재보다 타인에 대한 변별 능력이 훨씬 더 날카롭다. 외적 통제위치가 높아진 사람들은 눈빛, 걸음걸이, 말투 등 외부로 보이는 모습들로 타인에게 자신이 어떤 사람인지 읽힌다.

권력이나 재력 같은 추가 정보가 이미지를 뒤집을 수 있는 힘이 있는 것은 사실이지만, 특별한 배경이 없는 한 만만해 보이는 사람과 어려워 보이는 사람은 한순간에 결정된다는 것이다.

외부에 보이는 모습을 신경 쓰는 이유는 단순히 타인에게 잘 보이기 위함이 아니다. 타인이 나를 대하는 태도가 나의 감정과 태도에 영향을 주기 때문이다.

자아가 튼튼하다면 한 번의 실패에 과도하게 위축되지도 않을뿐더러 타인의 평가에도 덜 예민하겠지만, 그런 사람들이 결국 당당해 보인다는 것도 무시할 수 없는 부분이다.

이미 위축되었다면 타인의 시선을 더욱 예민하게 받아들이게 되고 다시 돌아오는 시선에 스스로 초라해지는 악순환에 빠져버릴 수 있다.

나와 가치관이 맞지 않거나 부정적인 삶의 태도를 가진 타인은 내가 어떤 태도를 취하든 나를 낮게 여길 수 있다. 타인의 눈으로 자신을 평가하고 깎아내릴 경우 그런 태도에 흔들리는 자신을 바꿔야겠지만, 자존감이 낮아진 상태에선 타인의 눈빛과 말이 참으로 버겁게 다가온다.

패배적인 생각에 갇히고 싶은 사람은 없을 것이다. 그러나 한 번 그런 일이 벌어지고 나니 걷잡을 수 없이 빠져들고 사람들도 나를 패배자로 취급한다고 생각하는 것은 쉽게 들을 수 있는 이야기다.

겉으로 보이는 태도가 권력이나 재력을 만들어주는 것은 아니지만 스스로 타인으로부터 어떤 대접을 받을 것인지에 영향을 미칠 수는 있다.

─────── 자기돌봄을 잊어버린 사람들

나와 주변에서 일어나는 사건들이 조절할 수 없는 것들이라고 믿고 타인이나 운, 환경적인 요소 등 외부적인 곳으로 시선을 돌려버리는 경우, 자신을 싫어하게 되며 점차 스스로를 돌보지 못하게 된다.

자신의 가치를 의심하고, 나약한 부분들에 집중하고, 실패한 과거를 떠올리며 살아가고, 자기혐오를 느끼는 이들은 자기돌봄을 포기해버리는 경우가 많다.

에드바르 뭉크의 〈잿더미〉를 보면 괴로워하고 있는 화가 자신과 첫사랑이 머리를 움켜쥐고 있다. 두 사람은 사랑했던 사이지만 완전히 망가진 관계 속에서 서로를 미워하고 스스로를 혐오하고 있다. 절망적인 사랑이 파괴적으로 끝난 후 사랑을 다시 시작하는 것이 쉬워 보이진 않는다.

고통스러운 상황을 만났을 때 대부분은 자기혐오적인 부분들에 괴로워하고 자괴감을 느끼지만 자신이 어떤 부분에 취약하고 또 쉽게 무너지는지는 알아보려 하지 않는다. 사람마다 특별히 더 예민한 부분이 있고 개인적인 어둠이 존재하는데, 그 어둠이 무엇인지 파악하려 하지 않는다는 것이다.

어떤 부분이 자신을 추락시키는지 알고 있다면, 통제위치가 자꾸 외부로 향하고 무력감과 우울감에 빠져드는 것을 줄여나갈 수 있다. 원인을 알면 가능한 한 회피하며 살아갈 수 있기 때문이다.

심리치료 현장에서 특정 대상에 공포증을 가진 사람들을 자주 접할 수 있다. 누군가는 뱀과 같은 파충류를, 누군가는 어둠을, 누군가는 비행기와 같은 탈것에 두려움을 느낀다.

그런데 공포증을 가진 모두가 심리 치료를 받으며 살아가진 않는다. 우리는 상황을 조절하며 살아갈 수 있기 때문이다.

에드바르 뭉크, 〈잿더미〉, 1894

　공포의 대상을 접하지 않고 살아가는 것이 가능하다면 별 문제
가 되지 않을 수 있다.
　뱀과 만나지 않는 환경에서 살면 되고, 보조 조명을 집에 구비해
밤에도 어느 정도의 빛과 함께할 수 있으며, 비행기가 무서우면 해
외여행을 가지 않으면 되는 일이다.

자신의 목소리에 집중하기

⟨목소리⟩의 모델은 뭉크의 첫사랑이다. 뭉크는 그에게 오랜 시간 상처를 준 기혼자 여성 밀로 탈로를 한동안 검은 배경에 어둠만 가득 채운 모습으로 그렸다. 그러나 그는 밝은 빛 아래 하얀 옷을 입고 있는 그녀를 담담히 그려낼 수 있게 되었다. 스스로를 괴롭히는 어둠에서 벗어나려는 시도였다.

자신을 나약하게 만드는 어둠의 원인을 안다면 그로부터 조금은 떨어진 삶을 살아가는 것도 현명한 방법이다.

어떤 이는 평소에 운동도 열심히 하고 식단도 잘 조절하는데, 한번 먹기 시작하면 폭식하고 죄책감에 빠진다. 이런 경우 맛있는 음식이 눈 앞에 쌓여있는 뷔페는 피하는 것이 좋다.

사람들과 대화하면서 에너지가 과도하게 고갈되고 우울해진다면 대면 미팅이나 회식이 최대한 적은 직업을 선택할 수도 있다.

우울한 사람들을 볼 때마다 우울감이 자신에게 쉽게 전염된다면, 퇴근 후 습관적으로 보는 유튜브나 넷플릭스에서 굳이 우울한 영상을 클릭할 필요는 없다.

나는 나 스스로를 침체시키지 않는 다른 길을 선택할 수 있다. 어둠에서 한 발 떨어져 나를 바라본다면 성공과 실패를 마주했을 때 원인이 분명히 보일 것이다.

사건의 원인을 스스로에게서 찾는 내적 통제위치가 높은 사람들

은 성공했을 때는 스스로를 칭찬해 더 나아가려 하고 실패했을 때
는 잘못된 부분을 찾아 수정하려 한다.

　그러나 사건의 원인을 외부에서 찾는 외적 통제위치가 높은 사
람들은 성공했을 때는 운에 치부해버리고 실패했을 때는 남 탓을
하며 변화하고 나아갈 수 있는 기회를 놓쳐버린다.

　잊지 말아야 할 점은 그동안 성장하는 과정에서 분명 내 안의 목
소리에 귀를 기울여왔다는 것이다.

공부할 때는 시험 문제가 공부하지 않은 곳에서만 나왔던 것을 탓하지 않고, 예상 문제를 더 많이 풀지 않은 자신을 탓했을 것이며, 좋은 연애를 할 때도 진심을 얼마나 보이느냐에 따라 연애 결과가 달라졌다고 생각했을 것이다.

만약 결과와 상황이 나를 잠시 좌절시키고 있다면, 원인을 다른 곳으로 돌릴 것이 아니라 여러 상황을 잘 이겨내고 지금에 이른 '나'의 목소리에 귀를 기울일 시간이다.

복제가 원본을 대체할 때
무엇이 진짜인가

오리지널리티

남산에 가면 '원조 남산 돈가스'를 판매하는 식당들이 여럿 보이고, 장충동에 가면 '원조 족발집'이라 이름 붙인 식당들이 눈에 띈다. 춘천 닭갈비 골목에서도 원조 식당들을 쉽게 볼 수 있다.

최초와 진짜를 가려내려는 본능적인 심리가 소비자에게 작동하는 것을 잘 알기에 업체들은 일제히 원조를 강조한다.

신약이 출시될 땐 특허를 등록해 타 제약회사에서 따라 만들지 못하게 한다. 그러나 기술 특허는 1년 6개월이 경과하면 공개되며 20년이 지나 특허가 소멸되면 모두 사용할 수 있다.

이때 특허 등록되었던 약을 복제해 출시되는 약들을 '카피 약'이라고 부른다. 비록 카피 약이 더 저렴하고 원조와 동일한 기술로 만들어졌음에도 불구하고 복제품이라는 이유로 선택하지 않는 사람들도 많다.

합성 감미료가 대중에 처음 알려졌을 때 많은 사람이 거부감을 표했다. 진짜 설탕이 아닌 하얀 가루가 단맛을 느끼는 것처럼 뇌를 속인다는 이유에서였다.

가짜라는 단어가 주는 심리적 거부감은 대상을 더 구체적으로 알아보려는 시도조차 하지 않게 한다. 우리는 복제된 대상이 아닌 독창적인 것을 소비하려는 욕구가 있다는 것이다.

그러나 복제가 쉬워지고 복제가 원본을 대체해가는 지금, 복제의 방식도 새로워지면서 복제품이 과거보다 더 많은 가치를 가지는 것처럼 보이기도 한다.

_____ 복제한 그림, 모작

네덜란드의 후기 인상주의 화가 빈센트 반 고흐는 다른 작가의 작품 재해석을 즐겼다. 그는 전업 작가로 데뷔하기 전 삼촌이 운영하는 구필화랑 일을 도왔다. 고흐의 삼촌은 사실주의 작가들의 그림 수집에 관심이 높았는데, 고흐는 그곳에서 장 프랑수아 밀레의 그림을 접하고 그의 대표작 〈씨 뿌리는 사람〉을 비롯해 다수의 그

좌. 장 프랑수아 밀레, 〈씨 뿌리는 사람〉, 1850
우. 빈센트 반 고흐, 〈씨 뿌리는 사람〉, 1889

림을 모작하기 시작한다.

파리에서 미술 작업을 하던 고흐가 접한 그림은 일본의 우키요에 판화였다. 평면적이면서 대담한 구도를 가진 우키요에는 당시 파리 인상주의 화가들을 매료시켰고, 당대의 많은 작가가 우키요에 스타일의 유화를 그렸다.

고흐는 우키요에 작품도 다수 모작한다. 이외에도 많은 작가의 그림을 모작했다. 그때 고흐가 수행한 것이 '복제'다. 복제품은 전통적 관점에선 큰 가치를 지녔다고 평가되진 않았지만, 고흐를 비롯한 인상주의 화가들이 복제한 우키요에 작품들은 상당히 비싼 가격에 거래되고 있다. 복제품에 시대성과 작가 가치가 부여되어 만들어진 새로운 결과다.

자기복제의 경우

자기복제란 생물학에선 자신과 똑같은 구조물을 만드는 것, 광의로는 자신과 같은 DNA 염기서열을 만들어내는 것을 의미한다. 문화계에선 과거 발표했던 작품과 유사한 작품을 발표하는 것을 칭하며 매너리즘에 빠진 창작자를 비하하는 단어로도 사용된다.

논문의 경우 자신의 논문을 인용하더라도 출처를 밝히지 않을 경우 표절로 인정될 수 있으나, 창작물에 있어선 법적으로 문제가 되는 상황은 아니다. 또한 작품을 시리즈물로 제작하면서 작품 간에 유사한 형식을 띠는 경우가 자주 있다.

자기복제는 기본적으로 원본이 존재하는 개념이지만 원본이 없는 복제품, 즉 '시뮬라크르'가 팝아트와 함께 미술시장에 등장한다. 시뮬라크르가 더 이상 복제품이 아닌 원본의 가치를 가질 수 있다는 것은 팝 아트의 등장과 함께 명확해졌다.

─────── 시뮬라크르, 원본 없는 복제

팝 아트의 거장 앤디 워홀의 대표작 〈마릴린 먼로〉는 아홉 장의 복제품으로 이뤄져 있다. 분명 복제품이지만 아홉 개의 이미지는 모두 다르며, 이들의 원본이라고 할 수 있는 작품은 별도로 존재하지 않는다.

어느 것이 원본이고 어느 것이 복제품인지 알 수 없는 원본 없는 복제품을 시뮬라크르라고 한다. 어느 것이 원본인지 알 수 없기에 복제품이 원본을 대체하는 개념이다.

복제품을 다시 복제하는 것, 그렇게 또다시 복제품이 생산되는 것. '오리지널리티'로부터 점점 멀어지는 것일까. 대답은 철학자마다 조금씩 달랐다.

플라톤의 경우 오리지널리티는 이데아의 세계에 분명하게 존재한다는 믿음이 있었다. 그렇기에 우리 눈에 보이는 세계는 이데아의 복제품이며, 따라 그리는 그림은 복제품의 복제품인 시뮬라크르인 것이다. 만약 그림을 다시 복제한다면 오리지널리티로부터 점점 멀어져 가치가 없어진다는 것이 플라톤의 의견이다.

그러나 질 들뢰즈의 생각은 달랐다. 그는 시뮬라크르가 단순한 복제품이 아니라 이전 모델이나 모델을 복제한 것과는 다른 독립된 성질을 가지고 있다고 주장했다. 복제품에는 복제 대상을 뛰어넘는 새로운 역동성이 있다는 것, 그리고 복제로 완전히 새로운 의미를 창조한다는 것이 그의 의견이다.

NFT 미술에서의 복제

NFT 미술이 한국에 도입된 때는 2020년 가을로, 그리 오래되지 않았다. 디지털 창작물을 제작하는 작가들의 경우 복제가 쉽게 이뤄져 작품의 판매나 소유 주장이 애매한 경우가 많았는데, 이를 해결할 수 있는 블록체인 기술이 도입된 것이다.

작가로서의 데뷔 문턱은 낮아지고 더 많은 사람이 '작품 구매' 행위를 할 수 있게 되었다. 그리고 NFT 미술에서 제너레이티브 아트의 등장은 복제에 관련한 미술의 관점을 완전히 바꿔버렸다.

제너레이티브 아트는 유사한 형식의 주인공이 착용한 옷이나 복

Chattering Cat,
〈Cherry blossom〉(위의 왼쪽부터 #16 #17 #19 #20), 2022

장 혹은 배경 등이 변하면서 다작의 작품이 발표되는 방식이다. 주인공과 요소 작업을 한 후 프로그램으로 1만 개의 작품을 한 번에 생산하는 방식이 NFT 제너레이티브 분야에서 일반적이다.

제너레이티브 NFT의 원조라 불리는 CyptoPunk의 작품 한 점이 300억 원 넘는 가격으로 거래되면서 복제 작품의 가치 논란이 뜨거웠다.

NFT 미술에선 작품을 마켓에 판매하기 위해 디지털 창작물을 업로드하고 정보를 입력하는 민팅, 실제로 판매하고자 가격을 기입하고 서명하는 리스팅 작업이 수반된다. 작품은 민팅이 되는 순간 오리지널리티를 가진다.

작품이 창작되는 동시에 저작권이 만들어지듯 민팅은 NFT 미술의 오리지널리티다. 시뮬라크르에서 끝나는 것이 아니라 별도의 블록체인 고유번호를 부여받기 때문이다.

수많은 자기복제로 시뮬라크르가 세상에 민팅되고 또 그 작품은 소유로서 수집으로서 그리고 투자로서의 가치까지 가진다.

들뢰즈가 말했던 대로 복제품이 복제 대상과 별개로 새로운 의미를 가지며 각기 다른 의미를 생성해낸다는 것도 어느 정도 일리가 있어 보인다.

복제가 의미를 가지는 시대

원본과 복제, 그리고 원조와 후발주자가 더 좋음과 덜 좋음을 구분 짓는 잣대가 아니게 된 지는 오래되었다. 최초는 의미 있지만 맛집 거리에서 원조 식당에 갔다가 실망한 적도 적지 않다.

원본의 권리를 침해하는 복제품은 문제가 있지만, 그렇지 않은 복제품이 또 다른 가치를 지니기 시작한 것이다.

작가들에게 미술의 대중화를 위해 무엇이 필요한지 물었을 때, 대중이 미술과 접할 기회와 장이 더 많아야 한다는 의견이 많았다. 복제는 대중화에 분명하게 기여하는 바가 있다.

인쇄술이 발달하면서 판화라는 복제 장르가 생겨났다. 최근 갤러리에서 전시하는 작가들의 경우 원본을 작게 출력해 액자에 넣어 별도로 판매하고 있다. 원본 그림을 촬영한 이미지는 NFT화되어 별도의 체인으로 원작보다 더 높은 가격에 거래되기도 한다.

위홀이 지금의 NFT 미술시장을 본다면 박수를 쳤을 것이고 플라톤이 봤다면 한숨을 지었을지도 모르겠다. 어떻게 받아들이고 해석하며 어떤 의미를 부여할지는 소비자들의 몫이다.

나를 사랑하고
당신을 신뢰하는 관계맺음

애착

'애착(愛著)'은 사람이나 동물 등에 특별한 정서 관계를 가지는 것을 의미한다. 중요한 대상을 어떻게 생각하고 있는지에 대한 정서적인 관계성을 의미하는 애착은 태어나면서부터 어머니와 형성되어 가족, 친구, 애인, 신뢰하는 사람 등 여러 인간관계를 겪으며 다양한 모습으로 만들어진다.

기본적으로 애착은 아이와 양육자 간의 관계에서 형성되고 이야기되는 개념이지만, 성인이 되어 대인관계에서도 지속적으로 보여지는 개념이기도 하다.

사람마다 관계를 맺는 성향과 양상은 각각 다르게 나타난다. 새로운 사람을 만나 관계를 만들어가는 과정을 즐겁게 여기는 사람도 있고, 관계맺음 자체를 불안해하고 친밀한 관계 자체를 거부하는 사람도 있다.

관계맺음의 차이를 설명하는 데 있어 가장 많은 지지를 얻고 있는 심리 이론이 바로 '애착 이론'이다. 자신을 사랑받을 만한 존재라고 인식하는 '자기표상'과 타인을 신뢰할 만한 존재라고 믿는 '타인표상'은 애착을 설명할 때 지속적으로 언급된다.

부모와 애착을 형성하던 아이가 자라 성인이 되었다. 아이와 부모의 관계부터 시작해 성인과 성인의 관계맺음까지, 애착은 크게 네 가지 유형으로 설명되고 있다.

안정형 애착

침대에 여자와 남자가 편안하게 누워 키스를 하고 있다. 태양이 강렬하게 그려져 있는 이불을 아무렇지 않게 옆에 헝클어놓은 둘은 서로에게 충분한 신뢰를 주고 있다. 지금 이 둘 중 한 명이 밖으로 나가면 다른 한 명은 자신만의 시간을 보낼 것이고 돌아온다면 반갑게 맞이할 것이다.

스스로 사랑받을 만한 사람이라고 생각하고 주변 사람을 신뢰할 수 있다고 믿는 유형이다. 그래서 사람들과 어울리는 친밀한 관계

김지애, 〈Sweet dream〉, 1998

를 좋아하기도 하고, 반대로 혼자 있을 때도 편안하고 안정적이라
고 생각한다.

　타인과의 관계맺음은 잘하면서 혼자만의 시간은 잘 보내지 못하
는 사람들도 있다. 그리고 애착을 형성한 상대방과 떨어지는 것 자
체에 불안감을 느끼기도 한다. 안정형 애착은 이와 다르게 함께도
편하고 혼자도 편하다.

　김지애 작가의 그림에는 일부를 제외하고 주로 인물이 등장한다.
그녀는 아주 오랜 시간 그림으로 인간관계의 연구를 몰두했다. 김
지애 작가의 그림 속에 묻어져 있는 다양한 애착 형태는 감상자들
이 자신의 관계 유형을 투영하기 아주 좋은 장소다.

집착형 애착

집착형 애착은 불안형 애착이라고도 불린다. 중요한 관계에서 집착적인 성향을 보인다. 집착형 애착 유형을 가진 이들에게 기본적으로 결여되는 것은 자기애다. 스스로를 사랑하지 못하고 자기비판적인 사고가 강하다.

그렇기에 자신이 아닌 상대방에게 집착한다. 스스로에게 불만족스러우니 타인을 우상시하고 그의 마음에 들고자 부단히 노력한다. 그가 없으면 안 될 거라 생각하고 지나치게 의존한다.

〈사람의 노래〉에는 하나가 되어버린 두 사람이 나타나고 있다. 뒤에서 끌어안은 사람은 안간힘을 써서 앞에 있는 사람을 자신의 쪽으로 당기고 있고, 앞의 사람은 온몸에 힘을 잃은 듯 쓰러져 기대 있다. 집착형 애착 관계에서 자주 등장하는 관계 유형의 모습과 일치한다.

집착하면 할수록 상대방을 더 소유하고 싶어 하지만, 상대방과의 거리가 좁혀지면 좁혀질수록 상대는 내게 관심이 없는 것처럼 보이기에 더욱 매달린다.

상대방에게 지나치게 예민하게 반응하는 것도 스스로에게 고통이다. '왜 나처럼 강하게 안아주지 않을까. 혹시 내가 싫어진 것은 아닐까.' 하고 의심한다. 그래서 더 집착적으로 행동한다. 더 세게 끌어안고 상대방의 확신을 받고 싶어 한다.

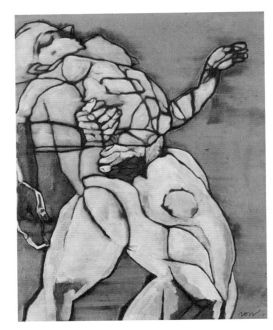

김지애, 〈사람의 노래〉,
2022

　이런 집착적인 불안감이 긴장을 만들고 또 긴장이 상대의 확인
을 통해 해소되는 경험이 큰 쾌감을 주기에, 자신을 불안하게 만드
는 상대만 찾아 헤맨다.

　상대가 아닌 본인 스스로를 꽉 안아줄 수 있다면 누군가를 향해
처절한 손짓을 할 필요가 없을 텐데 말이다.

김지애,
〈몸의 노래〉, 2022

_____ **무시형 애착**

무시형 애착은 회피형 애착이라고도 불린다. 스스로를 사랑받을
수 있는 존재라 여기지만 타인을 신뢰할 수 있는 존재로 여기진 않
는다. 그래서 타인과 함께 지내는 것보다 혼자 보내는 시간을 편안
하게 여긴다.

주변 사람들은 '감정을 잘 드러내지 않는 사람'이라고 평가를 내

리기도 하는데, 누군가와 너무 가까워지는 상황을 부담스러워하기에 친밀한 관계 형성을 피하는 경향이 있기 때문이다.

〈몸의 노래〉를 보면 한 사람이 분할되어 그려져 있다. 오른쪽에는 큰 얼굴이, 아래에는 두 다리가, 왼쪽에는 손가락이, 가운데에는 척추로 조각난 몸의 부위들이 모여 한 사람을 이루고 있다. 이처럼 무시형 애착은 구색이 이상하더라도 타인의 도움을 극도로 꺼려한다. 완벽하지 않더라도 남에게 의지하고 싶지 않은 것이다.

누군가와 가까운 사이가 되어 집착하는 것을 이해하지 못하고 한심하게 여기기도 한다. 누군가가 친해지고 싶다는 신호를 보내면 은근슬쩍 거리를 둔다. 자신은 비록 조각난 몸을 조합한 모습을 하고 있더라도 상대의 단점 찾기에 능숙하다.

혼란형 애착

혼란형 애착 유형의 사람은 자신을 사랑받지 못할 존재라고 생각하고 타인도 신뢰할 수 없는 존재라고 생각한다. 나도 상대도 모두 부정하는 것이다. 그래서 마음속이 텅 비어있다. 마치 〈Happy rounding〉의 비어있는 회전목마처럼.

관계가 불안하니 회피하고 스스로를 못마땅해하면서도 타인과 관계 맺기는 두렵다. 주변 사람에게 친절하게 대하면서도 마음을

김지애, 〈Happy rounding〉, 2008

활짝 열지 못한다. 상처받는 것이 너무나 두렵기 때문이다.

회전목마에는 빈자리가 많다. 얼마나 오랫동안 빈자리로 남아있었는지, 낡고 녹슨 느낌마저 든다. 혼란형 애착을 가진 이들은 자신과 타인에 대한 부정이 너무 오래되었기에 이 상황이 변할 수 없을 것이라 굳게 믿는다.

과거에 겪은 사건의 트라우마 때문에 대인관계가 어려운 경우가 많다. 타인과 가까워지고 싶은 욕구는 있지만 스스로를 미워하고 타인을 신뢰하지도 않으니 상대가 나의 실체를 알면 미워할 거라고 생각한다. 비어있고 녹슨 회전목마만 덩그러니 남아 마음속에 아무도 들이지 않는다.

그림을 자세히 살펴보면 회전목마 사이에 말이 아닌 것들이 보인다. 토끼도 있고 사슴도 있다. 목마에 누군가가 타는 것이 아니라 말 자체가 누군가를 상징하고 있는 것이다. '아, 비어있는 것이 아니라 사실 가득 차 있구나'. 토끼도 사슴도, 소통을 원하던 작가 자신의 모습인 것이다.

그래서 작가는 'Happy rounding'이라는 희망적인 제목을 붙인 듯하다. 내 상처가 커 나를 감추고 싶었을 뿐 사실은 그 누구보다 타인과 소통하며 사랑받고 싶은데, 자신은 그저 비어있는 회전목마라고 스스로에게 주입하고 있는 것이다.

_____ 나를 사랑하고, 당신을 신뢰하고

가장 이상적으로 보이는 형태는 안정형 애착이다. 자신이 사랑받을 사람이라 인식하고 타인을 신뢰하기에 집착도 회피도 없다.

자신이 불안정한 애착 유형의 사람이더라도 상관없다. 내가 어떤 유형인지 알고 내 불안을 자극하는 사람을 군이 곁에 두지 않으면 충분히 안정형으로 변할 수 있기 때문이다.

반대로 내 곁의 누군가가 불안정 애착 유형이라면 다름 아닌 내가 그의 안정을 도울 수 있다. 애착 유형은 어릴 때 형성되지만 중요한 타인은 그 유형을 바꿀 힘이 있으니까.

중요한 상대방과의 관계를 한쪽에서만 끌어당기는 집착형, 조각난 몸을 가지고도 타인에게 손을 내밀지 않는 무시형, 텅 빈 회전목마에서 그 누구도 들이지 않는 혼란형 중 어디에 속하길 바라는가.

서로를 편안하게 바라보고 관계에서 스스로도 채워질 수 있는 안정형 애착 관계의 기본 전제는 어렵지 않다. 스스로를 충분히 사랑받을 수 있는 사람이라 생각하고 상대가 나를 버리지 않을 거라고 확신하면 된다.

그리고 다음의 문장들을 신뢰하면 된다. 과거는 지금의 관계에 영향을 주지 못한다. 그때의 나는 지금의 나와 다르다. 그렇기에 과거에 겪은 불안한 기억이 현재의 관계에 상처주는 것을 허락하지 않을 것이다. 그럴 때 나의 관계는 안전하게 지켜질 것이다.

자유, 재미, 힘, 사랑,
그리고 생존

좋은 세계

최근 주목받고 심리치료 이론 중 하나인 현실치료(Reality Therapy) 이론에 '좋은 세계(Quality world)'라는 단어가 등장한다. 개인의 욕구와 소망이 충족되는 내면 세계를 의미하는 '좋은 세계'는 어떤 경험을 했고 어떤 환경에서 자랐으며 어떤 가치관을 갖고 살아왔는지에 따라 다르게 형성된다.

'결혼하지 않고 자신만을 위해 사는 삶'을 두고 누군가는 이해하지 못하고 누군가는 부러워하며 누군가는 관심이 없다. '반려동물을 자녀처럼 키우는 삶' '대부분의 시간을 봉사활동에 투자하는 삶', '위험한 스포츠를 즐기는 삶' 등 다양한 삶의 모습을 보는 시각은 각각 다르다. 자신이 설정한 '좋은 세계'에 부합하는지 그렇지 않은지에 따라 평가가 달라지는 것이다.

현실치료에 따르면 인간은 다섯 가지 욕구들 - 생존, 사랑, 재미, 자유, 힘 - 에 따라 각각 좋은 세계를 구성하며 그중 무엇을 중요하게 생각하는지에 따라 사회에서 기능하는 특징들이 달라진다.

───── 살아가는 것, 사랑하는 것

존 윌리엄 워터하우스는 영국의 화가로 영국 왕립아카데미의 마지막 세대이기도 하다. 그는 그림의 주제로 신화 속 이야기, 문학 속 이야기를 자주 등장시켰는데, 〈샬롯의 여인〉에는 빅토리아 시대의 대표적인 계관시인 알프레드 테니슨의 시 「샬롯의 여인」 속 주인공이 등장한다.

그림 속 여주인공은 샬롯성 영주의 딸 일레인이다. 그녀는 바깥을 직접 눈으로 보면 죽음에 빠지는 저주를 받고 평생 성에 갇힌 채 거울로만 세상 밖을 보며 지내고 있었다.

그러던 어느 날 그녀는 거울로 랜슬롯 경을 보고 사랑에 빠지고 만다. 마음에 품은 남자를 한 번만이라도 직접 보고 싶었던 일레인은 성 밖으로 나가기로 결심한다. 그녀가 기어코 성을 나가자 바깥 세상을 보여주던 거울이 깨진다. 자신에게 죽음이 닥칠 것을 알고

존 윌리엄 워터하우스, 〈샬롯의 여인〉, 1888

있음에도 불구하고 그녀는 조각배에 몸을 싣고 랜슬롯 경을 보러
간다.

그녀의 죽음을 예측하듯 배 위의 초 두 개는 이미 꺼져있고 한 개
만 불꽃을 피우고 있다. 평생 성 안에 갇힌 채 직물만 짰던 그녀는
직접 만든 패스트리를 배에 실어 가고 있다. 만약 죽더라도 자신이
누구인지 알리고자 뱃머리에 '샬롯의 여인'이라는 글귀를 새겼다.

배에 실린 채 주검이 되어버린 그녀를 랜슬롯 경이 발견했을 때,
그는 샬롯의 여인이 누구냐고 묻는다. 그는 자신의 존재조차 모르

는 사람을 향해 달려갔던 것이다.

그녀가 가진 욕구 중 '생존'의 욕구가 가장 컸더라면 그녀는 성 안에서 직물을 짜며 거울로 세상을 엿보는 선택을 했을 것이다. 그러나 그녀는 생존이 아닌 사랑을 택했고 비록 그 사랑이 쌍방이진 못했지만 아무것도 하지 않는 것에 머물지 않았다.

생존 욕구가 강한 사람들은 보수적이다. 지금 여기에서 자신이 가진 것을 지키려 하고, 사회에서 살아남고자 성실히 살아가며, 단단한 울타리를 선호한다. 준법정신이 강하고 자극보다 안정을 추구한다. 금전적으로도 아끼고 모으려는 욕구가 크다.

일레인이 쫓은 '사랑'은 사랑과 소속의 욕구라고도 칭해진다. 사랑의 욕구가 큰 사람들은 친밀한 관계가 중요하고, 소속의 욕구가 큰 사람들은 공동체에 소속된다는 느낌을 중시한다. 두 욕구 다 주변 사람과 관계 맺는 것에 관심이 있고 충족되지 않으면 서운함을 느끼기도 한다.

사랑의 욕구가 큰 사람은 일레인처럼 자신의 안전보다 관계를 위해 정신적 에너지를 투자할 수 있다. 이런 사람들일수록 관계 때문에 자신을 돌보는 것을 소홀히 하지 않도록 자신의 감정을 돌아보는 노력이 필요하다. 그렇지 않으면 관계를 위한 노력에 많은 희생이 뒤따름에도 돌아오는 것이 없을 수 있다. 랜슬롯 경이 누구인지 알아보지도 못한 샬롯의 여인 일레인처럼.

존 윌리엄 워터하우스, 〈오디세우스와 세이렌〉, 1891

인정받고 싶은 마음

다섯 가지 욕구 중 하나인 '힘'은 육체적인 힘을 의미하기도 하지만 권력과 같은 힘을 의미하기도 한다. 넓게는 자신의 일을 잘 해나간다는 감각부터 인정받고 싶은 욕구까지 포함한다.

작품 활동을 하는 예술가는 작품이 대중과 전문가로부터 인정받길 희망하고, 사업가는 사업이 소비자와 업계에서 좋은 평판을 듣길 원하며, 이성으로서 매력을 유지하고 싶은 마음과 좋은 사람으로 평가받길 희망한다. 이 욕구들이 모두 힘의 욕구에 해당된다.

세계적인 프렌차이즈 카페 스타벅스의 로고 가운데에는 초록색 인어가 그려져 있다. 스타벅스의 창업자들은 허먼 멜빌의 소설『모비딕』에 등장하는 커피를 사랑하는 일등항해사 스타벅의 이름을 차용해 스타벅스라는 상호를 만들었다.

그리고 신화 속에서 항해사들의 마음을 빼앗아 죽음에까지 이르게 할 만큼 매력적인 목소리를 지닌 바다의 여신 세이렌을 로고의 주인공으로 선택했다. 선원들이 세이렌의 매력에 빠져 자신도 모르게 바다에 뛰어든 것처럼 소비자들이 스타벅스의 매력에 빠지게 하겠다는 의미가 담겨 있다.

오디세우스는 마녀 키르케로부터 세이렌이 아름다운 목소리로 노래해 선원들을 유혹한다는 이야기를 듣는다. 키르케는 세이렌 섬을 지날 때 뱃사람의 귀에 밀랍을 틀어막아 소리를 듣지 못하게 해야 한다고 알려주며, 매혹적인 노래가 궁금해 견딜 수 없다면 돛대에 몸을 단단히 묶어야 한다고 했다.

결국 그는 세이렌의 노래를 듣고도 죽지 않은 유일한 사람으로 남았고 자존심이 상한 세이렌은 스스로 목숨을 끊는다.

세이렌은 자신의 목소리가 모두의 마음을 훔칠 수 있다는 자부심이 있었을 것이다. 그리고 결과로부터 얻은 만족감이 행동을 반복하게 했다. 그러나 한 선원이 자신의 노래를 듣고도 죽지 않았다는 사실이 스스로 목숨을 끊을 만큼의 대단한 사건은 아니었다.

세이렌이 자신의 능력을 가장 최상위 욕구로 뒀기에 인정받지 못한 것은 죽음이나 다름없게 된 것이다. 인정 욕구에 지나치게 큰 가치를 부여한 사람은 스스로가 아닌 타인의 평가와 판단으로 자존감이 크게 휘둘릴 수 있다.

궁금한 것은 참을 수 없지

'재미'를 추구하는 사람들은 호기심의 목소리에 따라 행동하는 경우가 많다. 궁금한 것은 꼭 알아야 하고 배워보고 싶으며 알고 싶어 한다. 아무것도 하지 않고 가만히 있는 것을 참지 못해 뭔가로 채우려 한다. 그러다 보니 호기심 때문에 넘지 말아야 할 선을 넘어버리는 경우도 있다.

워터하우스의 〈판도라〉에는 고급져 보이는 상자를 여는 한 여성이 있다. 다름 아닌 인류 최초의 여성 판도라다. 그리스 신화 속 올림푸스의 왕 제우스는 신들로부터 불을 훔쳐 달아난 프로메테우스를 심판했고, 프로메테우스의 동생 에피메테우스에겐 판도라를 아내로 선물한다. 형은 동생에게 선물을 받지 말라고 했지만, 판도라의 아름다움에 반한 동생은 선물을 받는다.

제우스는 판도라에게 상자 하나를 주며 절대로 열지 말라고 말했다. 그러나 그 안에 무엇이 들어있는지 너무나도 궁금했던 판도

존 윌리엄 워터하우스,
〈판도라〉, 1896

라는 상자를 열어버리고 만다.

　판도라가 다른 욕구보다 생존의 욕구가 더 컸다면 제우스의 지
시를 따르고 안전함을 택했을 것이다. 그러나 그녀는 재미의 욕구
가 더 컸다. 상자 안에는 인간세계를 이간질하고 재앙을 불러일으
키는 온갖 악의 근원이 가득했다. 그때 흘러나온 고난들이 인간세

계에 퍼져 인간들은 고난에 시달리게 되었다.

판도라가 놀라 상자를 닫았을 때 상자 안에는 희망만이 남아있었다. 많은 고난이 인간에게 주어졌지만 끝까지 살아가는 것은 희망이 있기 때문이다.

어린 시절 부모로부터 원한 것을 수용한 경험이 충분하지 못한 경우 혹은 엄격한 부모 아래에서 부모가 원하는 모습으로 성장하길 강요받은 경우, 성인이 되어 타인보다 재미의 욕구를 더 추구하는 경향이 있다.

판도라처럼 규칙을 어기거나 타인에게 피해를 주는 상황이 아니라면 재미의 욕구는 삶의 질을 위해 분명히 보장받아야 한다. 재미는 마땅히 추구해야 할 욕구 중 하나이기 때문이다.

자유라는 것

현실치료 이론의 창시자 윌리엄 글라서는 "자유는 타인이 원하는 것을 내게 강요하는 욕구와 내가 원하는 것을 타인에게 강요하는 욕구의 균형을 잡기 위한 진화의 의지"라고 말했다.

'자유'의 욕구가 높은 이들은 지시받는 것을 싫어하고 지시하는 것도 싫어한다. 규칙이나 강제로부터 벗어나고 싶기에 생존의 욕구가 큰 사람과 반대 성향을 지닌다.

자유의 범위도 사람마다 다르다. 환경과 입장에 따라 자유의 정의를 내리는 것이 다르기 때문이다. 엄격한 부모와 함께 지내며 통금 시간까지 지켜야 했던 여성은 결혼하면서 자유를 찾을 수 있겠지만, 여행과 도전을 좋아했던 여성은 결혼하면서 오히려 자유를 잃었다고 말할 수도 있다.

생존, 사랑, 힘, 재미, 자유. 이 다섯 가지 욕구는 모두에게 존재한다. 그러나 우선순위가 조금씩 다를 뿐이며 그렇기에 다양성이 존재한다.

타인이 나와 다른 것은 틀려서가 아니라 나와 다른 가치의 우선순위를 가지고 있기 때문임을 이해한다면 대인관계가 지금보다 더 원만해질 수 있을 것이다.

마음을 이끌고
행동을 유도하는 힘

어포던스

'어포던스(affordance)'는 미국의 지각심리학자 제임스 깁슨이 1977년 처음 사용한 용어다. 특정 대상이 가지고 있는 본질적이고 외면적 속성이 우리에게 전해주는 무엇이다. 즉 대상이 지닌 어포던스를 통해 우리는 여러 행동을 한다는 것이다.

적당히 낮은 상자는 위에 앉거나 위에 올라가는 행동을 유발할 수 있다. 그러나 하나의 대상이 특정 행동을 유발한다면, 도날드 노먼이 언급한 지각된 어포던스(percieved affordance)다. 의자로 디자인한 물체는 사람이 앉는 어포던스를 유발해야 한다. 그런데 누군가 위를 딛고 서 있다면 잘못된 어포던스 디자인이라는 것이다.

타자기의 자판은 튀어나와 있어 누르게 되고, 콘센트의 구멍을 보고는 넣으면 되겠다는 생각이 들며, 숟가락은 음식을 담아 먹는 어포던스가 있어 동서양이 비슷하게 디자인되어 있다.

대상에 담긴 메시지가 우리에게 전달되어 일련의 행동을 하도록 유도하고, 그에 따라 움직이는 어포던스는 지구상에 존재하는 대부분의 물건이 태생적으로 보유하고 있는 것이다.

───────── 무엇에 쓰는 물건인고

어포던스는 1970년대부터 사용되었지만, 개념은 1920년대 게슈탈트 심리학으로 거슬러 올라간다. 독일의 심리학자 쿠르트 코프카는 『게슈탈트 심리학의 원리』에서 인간이 사물을 봤을 때 가치나 의미가 마치 색상을 보는 것처럼 순간적으로 지각된다고 설명하며 사물에는 '행동을 요구하는 성질'이 있다고 했다. 예를 들어 과일은 '먹는다'라는 행동을 하도록 요구되어지고 물은 '마신다'라는 행동을 하도록 요구되어진다는 것이다.

지각된 어포던스는 개인의 경험이 바탕으로 작용하며 교육이 필요한 경우도 있다. 낯설고 새로운 환경을 인지하기 위해선 기존의 경험을 사용해야 하는데, 이 부분에서 정보의 혼란이 야기되기도 한다.

유나이티드 에어의 DC-6 여객기를 이용한 승객들은 에어컨 구멍을 보고 우체통 구멍을 연상해 편지를 넣기도 했고, TWA 항공사를 이용한 일부 승객은 객석 머리 위의 화물칸을 보고 요람을 연상해 아기를 넣기도 했다. 익숙하고 경험된 것과 유사한 연상을 통해 대상의 어포던스를 잘못 해석한 사례다.

초현실주의 작가들은 사물의 어포던스를 의도적으로 무시하는 작업물을 많이 발표했다. 프랑스에서 활동했던 미국의 작가 만 레이의 〈선물〉을 보면, 평평해 어딘가 바닥에 문질러야 할 어포던스를 가진 다리미의 바닥에 못이 부착되어 있다.

그래서 이 물건을 어떻게 다뤄야 하는지, 또 어떻게 놓아야 하는지 순간적으로 혼란스럽다. 그러나 생각해보면 일상생활 중에 다리미가 평평한 면에 놓아 문지르는 어포던스를 가지고 있다고 떠올리는 일은 거의 없다.

어포던스는 너무나 익숙하거나 학습되어 인지하지 못하는 경우가 많은데, 작가들은 일부러 어포던스에 거스르는 작업을 시도한 것이다.

관객들은 작품을 보는 순간 사물의 낯섦을 느끼는데, 일상적인 관계에서 사물을 추방해 이상한 관계에 두는 초현실주의 미술기법 데페이즈망을 사용했기 때문이다.

자연스럽게 사용했던 것들을 원래의 사용법대로 쓰지 못할 때 사물 안에 존재했던 어포던스가 부각된다.

비언어적 어포던스

어포던스는 유기체와 사물 혹은 환경 간의 개념으로 사용되어 왔지만, 유기체와 유기체 사이에서도 존재한다. 특히 인간은 언어를 사용해 행동을 직접적으로 유도하기도 하지만, 의사소통 영역에서 비언어적 요소가 차지하는 비중은 상당하다.

UCLA의 심리학 교수 앨버트 메라비언은 한 사람이 상대방으로부터 받는 이미지는 시각적 요소가 55%, 청각적 요소가 38%, 언어적 요소가 7%라고 발표했다. 의사소통을 통해 행동이 유도되는 데는 비언어적 요소가 더 많은 비중을 차지하고 있다는 의미다.

어느 영화에 교내 집단 따돌림과 학교폭력을 주도한 아이에게 "왜 친구를 괴롭혔냐?"라고 교사가 질문하는 장면이 있다. 주도자는 "얘가 괴롭히고 싶게 생겼다."라고 대답한다. 도덕적으로 지탄받아 마땅하지만, 이때 폭력의 주도자는 피해자가 괴롭힘을 당하는 어포던스가 있다고 말하고 있는 것이다.

비언어적 어포던스를 이해하기 위해선 사회적 공감 능력이 필요하다. 상대방의 주관적 세계를 인지해 상대방의 가치 형성 과정과 작동 방식을 이해해야 하기 때문이다.

아버지가 화가 날 때마다 짓는 표정이 있다면, 학습된 자녀는 아버지의 화난 표정을 보고 자신의 행동을 멈추거나 수정하고 반성하는 모습을 보인다.

줄스 다비드,
〈선과 악: 고통〉, 19세기

〈선과 악: 고통〉은 주로 도덕주의적 주제로 작업했던 프랑스의 화가 줄스 다비드의 시리즈 작업물 중 하나다.

화가 난 아버지가 팔을 들어 올리자, 어머니는 딸을 안아 반대편으로 돌려 보호하고 아이는 자동적으로 팔을 들어 얼굴을 가리려 하고 있다.

반면 가족에게서 따뜻한 경험을 많이 받은 아이는 손을 들어 올리는 남자에게 손을 뻗어 하이파이브를 할지도 모른다.

경험에 따라 대상에서 읽히는 어포던스도 달라지는 것이다.

기표의 설득

핸드폰 화면은 좌우로 넘길 수도 있고 위아래로 넘길 수도 있으며 일정 부분을 터치할 수도 있다. 스마트폰 화면이 가진 어포던스다. 그런데 어느 방향으로 움직여야 할까. 기표를 사용한다면 사용자는 이해하기 더 쉬워질 것이다.

이를테면 좌우 화살표 표시를 기표로 넣으면 사용자가 화면을 좌우로 넘기는 행동을 더 잘 유도할 것이다.

이렇게 인위적인 기표를 사용해 행동 유도를 하기도 하지만 사람이 많이 다닌 곳에는 자연스럽게 길이 생겨 '이쪽으로 가시오'와 같은 기표가 없어도 그곳으로 가는 행동이 유도될 수 있다.

마찬가지로 한 개인을 대할 수 있는 태도는 무수히 많지만 적절한 기표를 사용하면 행동은 압축될 수 있다. 이아생트 리고의 〈루이 14세의 초상〉을 접한 일반인은 '황제'라는 기표를 읽는다. 기표는 그에게 고개를 숙이고 경외심을 표하는 행동을 유도한다. 타인을 대할 때와는 전혀 다른 행동이 나오는 것이다.

인간은 상대가 어떤 사람이라는 판단이 내려지고 나면 대상이 내게 끼치는 영향을 고려해 각기 다른 행동을 한다. 그런 정보 제공을 위해 필요한 것이 바로 기표(signifier)다.

팔짱을 낀 팔, 등받이에 기댄 등, 밖으로 향한 발의 방향 등은 '더 이상 관심이 없고 떠날 준비가 되어 있으니 더 흥미로운 제안이 필

이아생트 리고,
〈루이 14세의 초상〉, 1701

요하다'라는 메시지를 전달한다. 이를 읽어낸 상대방은 원하는 것
을 말해보라고 할 것이다.

색이 전달하는 메시지도 있다. 어둡고 파란 정장은 신뢰할 수 있
는 이미지를 주는 반면 갈색 정장은 스케일이 크지 않다는 이미지
를 줘서 큰일을 하지 못할 거라고 여길 가능성이 높다.

심리적 기표 들여다보기

표정, 끄덕거림, 웃음, 어깨 움직임, 눈빛과 같은 비언어적 요소는 누군가에게 표현되고 있는 심리적 기표들이다. 기표를 보내는 사람은 특정 행동을 유발하려고 시도한다.

"내가 공감하고 있고 너의 이야기를 들을 준비가 되었으니 너의 마음을 더 이야기해줘." "당신의 이야기는 지금 분위기에 맞지 않으니 그만 입을 다물어줘." 등 다양한 행동을 유발한다.

레오나르도 다빈치의 〈모나리자〉가 알쏭달쏭한 미소로 신비한 느낌을 전달하는 것은 다빈치가 명암을 안개처럼 뭉개서 표현한 스푸마토 기법을 사용했기 때문이다.

특히 눈가와 입가를 애매하게 표현해 웃는 것인지 무표정한 것인지 구분이 잘 되지 않는다. 인간의 표정을 읽는 데 눈과 입의 사용이 아주 중요하기 때문이다.

결국 의사소통에 있어 55%에 해당하는 시각적 요소는 기표로 작용해 행동을 지시하지 않아도 특정 행동이 유발된다. 눈은 특히 이런 환경에 최적화되도록 진화되어 왔다. 인간의 눈을 보면 흰자가 차지하는 비중이 크고, 흰자와 검은자는 눈빛만으로도 많은 감정을 표현하고 받아들이도록 설계되어 있다.

그렇기에 자신의 감정을 보이고 싶지 않은 독재자는 선글라스로 눈을 가리는 것이 유리하다고 판단해 눈을 노출하지 않기도 한다.

설득에 있어서 그리고 대화와 친분에 있어서 상대의 비언어적 요소를 관찰하고 다시 상대에게 나의 기표들을 보여주는 것은 내가 원하는 방향으로 대화를 이끄는 데 아주 중요한 요소다.

최근에는 비대면 미팅도 많아지고 화상을 통한 커뮤니케이션도 과거보다 훨씬 확산되고 있다. 텍스트만으로도 모든 내용이 전달될 수 있음에도 서로의 얼굴을 보려고 하는 이유는 그 안에 포함된 비언어적 기표로 자신의 의사를 전달하고 상대의 행동을 유발하는 것이 더 효과적이라고 판단하기 때문이다.

그렇기에 눈맞춤 그리고 상대를 향한 끄덕거림과 자세의 기울기, 몸의 방향 등 다양한 몸의 언어들을 잘 이해하고 활용한다면 그보다 훌륭한 설득의 부스터도 없을 것이다.

레오나르도 다빈치, 〈모나리자〉, 1517

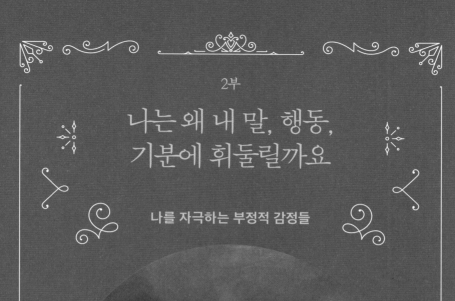

2부

나는 왜 내 말, 행동, 기분에 휘둘릴까요

나를 자극하는 부정적 감정들

내가 싫어하는
나의 어두운 모습

그림자

여러 사람이 모이는 자리에 가면 '참 안 맞네'라고 생각되는 사람이 꼭 있다. 분명한 이유로 싫은 사람도 있지만 '생리적으로 싫은 느낌'을 주는 사람도 있다. 얘기를 나누면서 상대가 가지고 있는 생각을 들어보니 맞지 않는다는 느낌이 더 강해진다. 이 느낌은 어디에서 비롯된 것일까.

명확한 이유가 없는 생리적 거부감은 사실 스스로에 대한 거부감이다. 인정하고 싶지 않은 자신의 어두운 면을 타인에게서 발견하니 자신의 어두운 모습이 들킨 것 같아 수치스럽고 짜증이 나는 것이다. 그래서 상대방이 생리적으로 싫어진다.

독일의 분석심리학자 카를 융은 이런 부분을 두고 누구나 가지고 있는 '그림자'라고 설명했다. 자기 자신의 성격이라고 의식하는 것과 반대되는 성격을 가지고 있으며, 어두운 부분이라 외면당해왔던 스스로의 모습이다.

────── 타인에게서 발견한 나

타인에게서 나와 비슷한 모습을 발견했을 때 기분 좋은 경험을 했다면 자신이 좋아하는 모습을 공통점으로 발견한 것이다. 상대방에게 나도 그렇다며 반갑게 말할 수 있고 또 드러낼 수 있는 나의 모습이기 때문이다.

만약 비슷한 모습에서 동정심을 느꼈다면 스스로 안쓰러워하는 모습과 닮은 누군가를 만났기 때문일 것이다. 그러나 타인에게서 발견한 나와 닮은 모습이 스스로 거부한 모습이라면 불쾌한 감정이 떠오른다.

스페인 출신의 초현실주의 작가 레메디오스 바로는 스페인 내전과 제2차 세계대전을 겪은 후 멕시코로 망명해 생애 대부분을 멕시코에서 보냈다. 그녀의 작품 속에 자주 등장하는 주제는 두려운 현실을 받아들이는 인간 내면의 그림자와 그것을 다루는 자아의 모습이다.

레메디오스 바로,
〈우연한 만남〉, 1959

〈우연한 만남〉의 주인공은 상자를 열고 있다. 어둡고 좁은 상자 안에 자신의 모습이 담겨있고, 둘은 파란 천으로 연결되어 떼어낼 수 없는 존재임을 암시하고 있다. 누군가에게서 나의 어둠을 발견하는 순간이다. 용기 없고 남의 눈치를 보느라 할 말을 하지 못하는 사람은 자신과 비슷한 사람을 보면 마치 스스로를 보는 것만 같아 화가 난다.

이상만 바라보며 실질적인 노력은 하지 않는 나, 나태하고 게으른 나, 비열하고 이기적인 나, 남의 눈치를 보느라 내 실속을 챙기지 못하고 자책하는 나, 남과 비교하며 저울질하고 겸손하지 못하다고 느끼는 나, 도덕적인 신념에 어긋난 행동을 하는 나, 남에게 상처를 주는 말이나 행동을 하는 나 등. 스스로 미워하는 자신의 모습을 타인에게서 발견하면 그가 이유 없이 싫어진다.

그림자와 함께, 조화롭게

그림자가 나의 일부라는 사실을 인정하고 나면 다음 단계는 그림자와의 소통이다. 그러기 위해선 자신에게 어떤 그림자가 있는지 분류해보는 것도 좋다. 한 개인이 가지고 있는 그림자의 수는 무수하다. 분류가 끝났다면 각각의 그림자가 언제부터 내 안에 존재했는지 아는 것도 중요하다.

과거에 겪었던 트라우마 때문에 만들어진 예민한 그림자도 있을 것이고, 경쟁해야 하는 환경 속에서 만들어진 남을 짓밟는 그림자도 있을 것이며, 스스로를 지키려고 만들어진 비겁한 그림자도 있을 것이다.

그림자는 얼핏 듣기에는 부끄럽고 남들에게 당당하지 못한 나의 일부라 생각되기에 최대한 가려야 할 존재라고 생각할 수도 있다. 하지만 소통으로 화해하는 것이야말로 그림자를 다루는 가장 좋은 방식이라고 융은 말하고 있다.

레메디오스 바로, 〈조화〉, 1956

　그림자를 통해 얻은 혜택도 있을 것이고 그림자를 통해 성장한 부분도 있을 것이다. 비겁함은 나를 위험으로부터 보호해줬고, 남을 짓밟고 싶은 마음은 내가 성공하는 데 도움이 되었을 것이다. 그렇기에 그림자는 결코 버릴 수 없는 나의 일부분으로 내 안에서 살고 있는 것이다.

　바로의 〈조화〉에 등장하는 주인공은 벽에 나타난 형상과 마주하고 있다. 타인에게 들키고 싶지 않은 자신의 모습이기에 겹겹이 숨겨놓았던 그림자가 모습을 드러낸 것이다. 이들이 소통하는 수

단은 악보를 그릴 때 사용하는 오선이다.

꽃, 크리스털, 구 등 다양한 오브제를 오선 위에서 이동시키며 선율을 만들어가는 주인공은 그림자를 벽 안에 가두는 대신 함께 음악 만들기를 선택했다.

주인공의 뒤편에는 또 다른 그림자가 독단적으로 악보를 만들어가고 있다. 주인공은 지금의 악보가 완성되면 아마도 뒤돌아 그 악보를 수정할 것이다.

그림자와 조율해가며 조화롭게 살아가는 것, 내 안에 존재하는 그림자와 소통하는 가장 좋은 방법이다.

_____ 빛이 있으면 그림자도 있다

빛이 있고 사물이 있다면 그림자는 당연히 존재한다. 그리고 공중에 떠 있지 않는 한 그림자는 사물에 바싹 붙어있을 수밖에 없다. 그러니 가장 가까이에서 자신의 어둠을 담당하는 그림자를 오히려 가장 든든한 아군으로 탈바꿈시켜가는 것도 하나의 방법이 될 수 있다.

핀란드의 상징주의 화가 휴고 심베리는 인간의 마음속에 존재하는 다양한 자아의 모습을 〈교차로에서〉에 표현하고 있다. 그림 속 주인공의 왼손에는 천사의 손이 잡혀 있고 오른손에는 악마의

휴고 심베리, 〈교차로에서〉, 1896

손이 잡혀 있다. 그들은 서로 다른 길로 주인공을 이끌고 있다.

　많은 이가 스스로를 선한 존재라고 믿지만 동시에 자신 안에 존재하는 어두운 면을 인정하기도 한다. 죄책감을 가질 필요도 없는 부분이며 인간이라면 누구나 가지고 있는 모습 중 하나다.

　아마도 천사와 악마는 설득을 이어나갈 것이다. 이때 무조건 천사의 편을 드는 것도 악마를 적으로 무시하는 것도 올바른 방법은 아니다.

　그림자는 장점이 많다. 그렇기에 융은 그림자가 창조성의 기반이라고 말한 바 있다. 어둡다는 이유로 외면받았던 모습들은 대체로 사회적으로 부인되어 왔던 모습들이다. 7대 죄악이라 불리는 탐욕, 나태, 정욕, 시기, 분노, 교만, 식탐과 같은 모습은 주로 그림자라 불리게 된다.

조금만 다른 관점으로 생각해보자.

욕심이 있기에 인간은 성장하고(탐욕), 휴식도 반드시 필요하다(나태). 때론 사랑이 인생에서 1순위가 될 수도 있으며(정욕), 남을 부러워하는 마음이 더 열심히 움직이게 하기도 한다(시기). 화를 참고 지내는 것보다 표현하는 것이 건강할 수 있으며(분노), 자신이 이뤄낸 결과를 남들에게 자랑할 수도 있고(교만), 고생한 나를 위해 맛있는 음식을 선물로 줄 수도 있다(식탐).

그림자의 밝은 부분을 성장시키고 또 그 빛이 주변 그림자도 밝힐 수 있다면 분명 자기성장의 밑거름이 될 것이다.

그림자가 어두운 존재이고 어둠 속에 있는 것은 확실하다. 그러나 자신의 어두운 면들이 보름달을 통해 빛을 받을 수 있게 만들어주는 것은 나 자신일 것이다.

에너지가
채워질 때와 소진될 때

고갈

아침부터 밤까지 정신없이 일하고 잠을 자고 일어나면 다시 바쁜 아침이 시작된다. 눈을 비비고 일어나 씻고 움직이고 활동하고 밥 먹고 사람 만나고 다시 밥 먹고 집에 와서 씻고 잠들고… 이 스케줄은 초등학교에 들어가면서 시작해 나이가 들어서까지 계속된다.

　핸드폰 배터리가 15%밖에 남지 않았다고 경고하고 또 5%가 남았다고 경고할 때, 충전기를 찾아 배터리를 다시 채운다. 핸드폰이 꺼지는 위기에서 벗어나기 위해서다. 운전 중 주유 경고가 뜨면 빠르게 근처 주유소를 찾는 것도 같은 이유에서다.

　사람에게도 똑같이 적용된다. 신체적 에너지와 정신적 에너지가

'고갈'되었을 때 사람도 충전이 필요하다. 고갈된 에너지는 맛있는 음식으로 채워지기도 하고, 일상에서 벗어난 여행으로 충전되기도 하며, 한숨 푹 자고 편안히 이완되어 채워지기도 한다. 이 모든 것을 통틀어 고갈된 에너지를 공급하는 행위를 '쉼'이라고 부른다.

_____ 에너지가 고갈될 때

저녁 6시가 지나면 지하철역은 퇴근하는 사람들로 붐비고 도로 위는 퇴근하는 차들로 가득하다. 퇴근 시간이 지나고 움직이면 훨씬 수월할 것을 알고 있지만, 저녁 약속이 있고 다음 날 스케줄이 있는 상황에서 6시의 움직임은 어쩔 수 없는 선택이 되기도 한다.

〈절규〉로 잘 알려진 노르웨이의 화가 에드바르 뭉크의 그림에는 어두운 녹색이 자주 등장한다. 뭉크가 다섯 살이었을 때 돌아가신 어머니, 열세 살 때 죽은 누나, 스물여섯 살 때 돌아가신 아버지, 서른두 살에 죽은 남동생, 그리고 서른네 살 되던 해 총에 맞아 사망한 애인을 그림 속에 그려넣을 때도 녹색을 사용했다.

미술치료 현장에서 내담자가 녹색을 지나치게 많이 사용할 때는 그에게 녹색이 상징하는 에너지가 필요하다고 해석한다. 녹색의 상징은 편안함과 휴식이다. 불안이 높은 사람일수록 녹색을 더 많이 사용한다. 지금 그에게 녹색의 에너지, 즉 휴식이 필요한 것

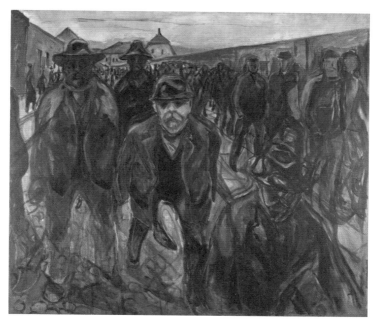

에드바르 뭉크, 〈귀가하는 노동자들〉, 1914

이다.

　〈귀가하는 노동자들〉에 등장하는 인물들 역시 어두운 녹색과 푸른색이 섞인 색으로 그려져 있다. 가족을 위해, 사랑하는 사람을 위해, 미래를 위해 오늘을 불태운 사람들이 집으로 돌아가는 모습이 뭉크 특유의 직관적인 감정 표현으로 생생히 드러나 있다. 100년도 더 된 그림이지만 낯설지 않다. 많은 스케줄을 소화한 후 집으로 돌아가는 나의 모습이 이 그림에 보일지도 모르겠다.

모두에게 평등한 시간들

『미움받을 용기』로 널리 알려진 독일의 심리학자 알프레드 아들러는 개인이 현재 가지고 있는 자원들을 '벽돌'이라는 단어로 통칭했다. 외모, 능력, 성격, 재산, 학벌, 부모, 친구, 연인, 인맥, 건강 등이 모두 벽돌인 것이다.

누군가는 벽돌을 아주 많이 가지고 태어나고 누군가는 열심히 살며 벽돌을 만든다. 사람마다 가지고 있는 벽돌의 수가 동일한 것도 아니며, 누군가는 아무런 노력 없이 많은 벽돌을 쌓아놓고 사는 것처럼 보인다. 인생이 너무 불공평하지 않은가.

그런데 벽돌을 많이 가지고 있는 것이 어떤 도움이 될까. 사실 벽돌은 큰 역할을 하지 못한다. 중요한 것은 벽돌로 지을 집의 모습이다. 벽돌을 쌓아놓더라도 정갈하고 튼튼한 집을 짓지 못하면 큰 의미가 없을 것이다. 조금 적은 수의 벽돌을 가지더라도 잘 사용해 튼튼한 집을 짓는 것이 더 중요하다. 그래서 아들러의 심리학을 '사용의 심리학'이라고 부르기도 한다.

우리가 가지고 있는 벽돌 중 모두에게 평등하게 주어진 것이 있다. 바로 24시간이라는 시간의 벽돌이다. 모두에게 똑같이 주어진 시간을 어떻게 사용할 것인지는 각자의 선택이며, 이 중 자신을 위한 쉼과 휴식의 시간을 보내는 것도 개인의 선택이다.

프랑스의 신인상주의 화가 조르주 쇠라는 색을 작은 단위인 점으로 세분화해 재조합한 점묘화의 대가다. 그의 대표작 〈그랑드자트섬의 일요일 오후〉는 파리에 위치한 센강의 섬에서 여유를 즐기는 시민들의 모습을 담고 있다.

그림 왼쪽 아래에 누워 있는 노동자부터 오른쪽의 귀족 그리고 중간에 보이는 가족과 강아지까지 신분에 관계 없이 모두가 즐길 수 있는 파리 시민들의 공간이다.

심리 상담에 참여한 내담자 중 시간이 없다는 이유로 쉬거나 힐링할 여유가 없다는 이야기를 하는 이들이 종종 있다. 너무 바빠서 자신을 위한 시간을 보낼 수가 없다는 것이다. 그러나 시간이 넘쳐나 쉬는 사람들이 얼마나 될까. 특히 일에 치여 사는 바쁜 현대인들 중 휴식이 삶의 우선순위인 이가 얼마나 될 것인가.

조르주 쇠라, 〈그랑드자트섬의 일요일 오후〉, 1884

나는 그들에게 이렇게 조언하곤 한다. "쉼과 휴식은 우리 삶에 우선순위가 될 수 없습니다. 너무 많은 일이 먼저 처리해 달라고 줄을 서 있기 때문이죠. 그렇기에 쉼은 억지로 해야 합니다. 굳이 시간을 내서 해야 해요. 핸드폰 배터리 충전기를 의식적으로 꽂는 것처럼, 굳이 시간을 내서 센강을 방문한 파리 시민들처럼 우리에게 휴식 시간을 선사해야 합니다."라고 말이다.

##　　　　온전한 쉼의 충전력

프랑스의 인상주의 화가 오귀스트 르누아르가 그린 〈잠자는 소녀〉의 주인공은 편안한 의자에 앉아 낮잠을 청하고 있다. 왼손은 무릎냥이가 슬며시 올려놓은 앞발을 꼭 쥐고 있다. 이 둘은 달콤한 꿈나라로 떠나는 중이다. 소녀와 고양이는 피곤함과 고민거리를 내려놓고 다음을 위해 잠깐의 재정비 시간을 가지는 중이다.

일본의 게임개발사 캡콤이 출시한 게임 〈바이오 하자드〉는 주인공이 무기를 들고 바이러스에 감염된 레버넌트들을 처리해 나가는 내용으로 구성되어 있다. 주인공의 무기에는 특수 기능이 있는 파츠를 넣을 수 있는데, 그중 '충전 사격'이라는 파츠가 있다. 파츠는 A, B, C로 나뉘는데, A는 사격 버튼을 1초간 눌렀다 떼면 데미지가 30~75%, B는 2초간 눌렀다 떼면 데미지가 60~150%,

오귀스트 르누아르,
〈잠자는 소녀〉, 1880

C는 3초간 눌렀다 떼면 데미지가 100~200% 상승한다.

　적들이 눈 앞에 펼쳐진 상황에서 1초라도 빨리 한 발이라도 더 총을 쏘는 것과 시간을 들여 에너지를 모았다가 쏘는 것, 이 중에 어떤 것이 더 낫다는 기준은 없다. 확실한 점은 총을 쏘지 않고 충전하는 것이 결코 손해는 아니라는 것이다. 물론 적들이 코앞까지 다가온 위급 상황은 제외하고 말이다.

　쉼이라는 것도 같은 속성을 가지고 있다. 마감이 코앞인 상황이 아니라면 쉼은 더 나아가기 위해 장전하는 시간이 될 수 있다. 그럼에도 쉬는 것을 불안해하고 또 쉼을 아무것도 하지 않은 것으로 여기는 사람들도 있다. '이 시간이면 이걸 더 할 텐데'라며 쉬는 자신을 한심해하기도 한다. 그러나 쉼은 다음 스텝을 위해 에너지를 충전하는 시간이자 무거웠던 짐들을 잠시 내려놓는 시간이다.

온전히 쉬어본 적이 없는 사람들도 있을 것이다. 뭘 하며 쉬었냐는 질문에 "책을 읽으며 쉬었어요." "영화를 보며 쉬었어요."라고 대답하는 경우가 그렇다. 심리치료실에 방문한 내담자가 이렇게 대답하면 그건 책을 읽고 영화를 본 것이지 온전한 쉼이라고는 할 수 없다고 설명해준다. 그리고 그들에게 일주일에 단 10분이라도 좋으니 적극적으로 쉼을 수행해보라고 숙제를 내준다.

100% 농도의 쉼을 경험해보면 쉼을 대하는 태도는 분명히 달라진다. 잠깐 멈춰 충전하는 것의 힘을 깨달았기 때문이다.

_____ 나를 위한 공급

단순히 쉰다는 것만으로 고갈된 에너지가 채워지는 것은 아니다. 이제는 고갈된 부분을 채우는 작업이 필요하다. 어떤 것들이 자신의 에너지를 채우는지는 잠시만 떠올려도 금방 찾는다. 그러나 채움의 행동을 자주 하고 있는 사람은 많지 않다.

마르크 샤갈의 〈삶〉을 들여다보면 다양한 삶의 모습이 펼쳐져 있다. 사랑하는 사람과 결혼해 아이를 낳은 부부의 모습도 보이고

마르크 샤갈, 〈삶〉, 1964

즐겁게 연주하고 있는 사람도 보인다. 춤을 추는 사람, 물구나무서기를 하며 노는 어린이들도 보인다. 태어나면서부터 죽음까지의 가장 즐거운 모습들을 역동적으로 담았다.

자신에게 채움을 주는 것이 잠자기나 아침에 음악 듣기처럼 일상에서 쉽게 접할 수 있는 것이 아니라 바닷가에서 커피 한 잔, 따뜻한 물에 입욕하기, 서점에 가서 책 훑어보기 등 노력이 필요한 일이라면 시간을 내 행동을 취해야만 채움을 만날 수 있을 것이다. 그러기 위해선 자신이 무엇을 통해 채워짐을 느끼는지 먼저 알고 그 다음에 실천해야 한다.

채움의 행동들이 많이 필요한 것도 아니다. 즐기고 좋아할 수 있는 한 가지만 있더라도 충분하다. 누군가가 함께 그 시간을 채우면 더없이 좋을 것이다. 나를 이해해주는 단 한 사람과 함께하는 것만으로 인생은 풍요로워진다.

그림 속 사람들이 혼자 혹은 누군가와 함께 즐거운 시간을 만들어가는 것처럼 자신이 즐길 수 있고 좋아하는 것을 미루지 말고 즐겨야 한다. 일에 치여 사느라 좋아하는 것이 뭔지 몰랐다면 나를 위해 새로운 것을 시도해보며 즐길거리를 찾아보는 것도 의미 있을 것이다.

바쁘다는 이유로 생각만 하고 우선순위에서 계속 밀리던 것들이 있을 것이다. 보고 싶던 사람과의 만남, 나를 위한 힐링의 시간, 훌쩍 바다로 떠나기, 읽고 싶었던 책 읽기, 하루를 통으로 비우고 아무것도 하지 않기 등 막연히 생각만 하던 것들을 스케줄에 채워 넣어보면 어떨까.

쉼의 가치를 생각하며 시간을 보낸다면 휴식의 시간은 결코 낭비하는 시간이 아닌 더 멀리 나아감을 위한 충전의 시간임을 깨달을 것이다.

다 너를 위한 거라는
명백한 폭력

가스라이팅

한 사람이 누군가와 관계를 맺을 때는 그 관계가 자신에게 이득이 된다는 판단이 선행된다. 금전적인 이득이나 사회적인 관계처럼 계산적인 이유도 있지만 '이 사람과 있으면 편안하고 행복하다'라는 정서적인 혜택도 중요한 요소다.

그러나 이 관계로 스스로 정신적인 피해를 입고 있다는 증거가 관찰됨에도 불구하고 유지되는 경우도 있다. 곁에 있어야 자신이 도움을 받는다는 상대방의 교묘한 심리기술에 휘둘린 것이다. 판단력을 흐리게 만들어 그의 옆에 있어야 내가 행복하고 가치 있다고 믿게 만드는 것, '가스라이팅'이 그 범인이다.

가스라이팅의 유래는 1938년 패트릭 해밀턴이 연출한 연극 〈가스등〉이다. 남자 주인공 잭은 윗집 부인의 보석을 훔치고자 계획을 세우고 그녀를 살해한다. 그런데 보석을 찾기 위해선 부인 집의 가스등을 켜야 했다. 윗집 가스등을 켜면 아랫집 가스등이 약해지거나 깜빡이는 구조였는데, 아내 벨라가 집의 가스등이 어두워졌다고 남편에게 말한다.

남편은 범죄를 숨기고자 전혀 어두워지지 않았다고 말하고, 벨라의 물건을 숨긴 후 물건을 잃어버렸다는 이유로 오히려 그녀를 타박한다. 남편이 보석을 찾기 위해 윗집에 갈 때마다 벨라의 집은 어두워졌는데, 그때마다 남편은 벨라가 과민하다고 말한다.

남편의 타박이 계속되자 벨라는 스스로를 의심하고 무기력해지면서 점점 더 남편에게 의존하게 된다.

처음에는 동등했던 관계

가스라이팅에는 가해자 가스라이터와 피해자 가스라이티가 존재한다. 가스라이티는 결국 가스라이터의 정서적 지배를 받게 되고 만다. 그러나 둘의 관계가 처음부터 가해자와 피해자로 시작하는 것은 아니다. 잭과 벨라가 사건 전까진 정상적인 부부였듯 대부분의 경우 시작은 동등하다.

PS & 마리 크뢰이어, 〈마리와 PS 크뢰이어의 초상〉, 1890

  덴마크의 천재 화가 페데르 세베린(PS) 크뢰이어와 덴마크에서
가장 아름다운 여인으로 불린 마리 크뢰이어는 서로 사랑하는 사
이였지만, 세베린의 지속적인 가스라이팅으로 마리는 자신의 재
능마저 저버린 채 기나긴 시간 동안 우울함을 견뎌야 했다.
  둘은 코펜하겐 미술학교에서 스승과 제자 사이로 만나 연인이
되었다. 둘은 열여섯 살의 나이 차를 극복하고 1889년 독일에서
결혼식을 올리고 2년 뒤 덴마크의 작은 바닷가 예술인 마을 스카
겐에 정착한다.

〈마리와 PS 크뢰이어의 초상〉은 서로가 서로를 그려 한 장의 그림으로 완성한 것이다. 세베린의 얼굴은 마리가 그렸고 마리의 얼굴은 세베린이 그렸다. 그런데 따뜻하고 부드럽게 그려진 마리의 얼굴과는 다르게 세베린의 얼굴에는 고집스럽고 강압적인 표정이 드러나 있다. 결혼 후 1년이 지난 신혼 시절에 그린 이 그림에는 서로를 바라보는 화가 부부의 사랑스러움이 묻어나 있지만, 마리가 가지고 있는 남편에 대한 불만도 드러나 있다.

_____ 당신은 재능이 없으니까

스카겐에 정착한 크뢰이어 부부는 아름다운 바닷가에서 그림을 그려나갔다. 그러나 이때부터 마리를 향한 세베린의 가스라이팅이 시작된다. 가스라이팅은 상대방에게 지속적으로 정신적인 학대를 가해 상대방으로 하여금 스스로의 판단력이 낮다고 확신하도록 만드는 것이다.

세베린은 이미 많은 활동을 하고 있는 작가였기에 성공한 화가로서의 사회적 권위가 마리를 쉽게 지배하도록 했다. 가스라이터는 대개 피해자에게 영향을 끼칠 수 있는 위치에 있다. 직장 상사, 동료, 연인, 가족이 많은 것도 이를 반영하고 있다.

세베린과 마리는 함께 그림을 그리며 만난 사이였지만, 세베린

PS 크뢰이어,
〈예술가의 아내와 개〉,
1892

은 마리가 자신의 그림 모델이 되길 바랐다. 그녀가 화가로서 일을 해 나가는 것을 원하지 않았다. 이미 작가로서 수입이 안정적이었던 세베린은 마리를 캔버스에 담는 것을 즐겼고 마리는 붓을 놓고 세베린 앞에 서야 했다.

화가로서 성공할 자신을 꿈꾸며 코펜하겐 미술학교를 입학한 마리였지만, 세베린은 마리에게 늘 이렇게 말했다. "예술은 위안이 아니야. 예술하고 당신은 어울리지 않아. 당신은 나처럼 재능이 없어."라고 말이다.

세베린은 화가가 아닌 모델로서의 마리에 대해선 칭찬을 아끼지 않았다. 그녀가 작품 속에서 얼마나 아름다운지 전해주며 자신의 말대로 하니 좋은 결과가 있다고도 자주 강조했다.

다른 사람은 몰라도 자신은 마리를 이해한다는 세베린의 설명은 마리가 세베린에게 의지하도록 만들었다. 마리는 점점 화가로서의 자신은 가치가 없다는 자기 의심에 빠졌고 남편이 가치를 인정해주는 모델로서의 역할에 집중하게 되었다.

마리는 점점 붓 잡을 일이 줄어들었다. 가끔 그림을 그릴 때면 세베린에게 검사를 받았다. 세베린은 그때마다 마리에게 빛의 표현이 좋지 않고 색상의 생명력을 볼 줄 모른다고 말했다.

세베린은 바다에 나가 빛을 담은 아름다운 풍경을 그렸지만 마리는 정물만 가끔씩 그렸다. 그때 마리가 그린 꽃들을 보면 대부분 고개를 숙이고 시들어있다. 만족스럽지 못한 결혼 생활과 점점 접어가야 했던 화가의 꿈이 시든 꽃 그림 속에 담겼다.

한 작업실에서 함께 그림을 그렸지만 천재라 불리는 남편의 그림만 반짝반짝 눈이 부셨다. 남편은 자신의 그림을 응원하기는커녕 단점만 지적했다. 세베린과 자신을 비교해가며 마리는 점점 더 위축되어 갔다.

마리 크뢰이어, 〈분홍색 장미〉, 1898

주변인에 따라 달라지는 삶

아름다운 바닷마을 스카겐에서 마리는 여성 화가 안나 앵커와 만난다. 그녀는 당시 유명했던 화가 미셸 앵커의 아내였고, 둘 다 유명한 화가의 아내라는 공통점이 있어 마리와 안나는 금세 친해진다. 그러나 세베린이 마리의 재능을 무시하고 모델로서의 가치만 강조한 반면, 안나의 남편은 작업실에서 함께 그림을 그리며 동료로서 성장해 나간다. 미셸은 자신이 더 유명하다는 이유로 안나의 작품을 함부로 대하지 않았고 그녀가 화가로서 발전할 수 있

PS 크뢰이어,
⟨스카겐 해변의 여름 저녁-함께 걷는 안나 앵커와 마리 크뢰이어⟩, 1893

는 계기를 함께 고민했다.

세베린의 ⟨스카겐 해변의 여름 저녁-함께 걷는 안나 앵커와 마리 크뢰이어⟩를 보면 거의 동일한 복장을 한 비슷한 체형의 두 여성이 마치 쌍둥이처럼 함께 걷고 있다. 왼쪽이 안나, 오른쪽이 마리다.

그러나 이렇게 닮아있는 두 여인은 곁에 있던 이의 태도에 따라 완전히 다른 길을 걷는다. 안나는 평생 그림을 그렸고 19세기부터 20세기까지 덴마크를 대표하는 유일한 여성 화가로 지금도 기억되고 있다.

이 사람에겐 나밖에 없어

세베린은 그림에 있어선 천재적이었고 사회에서도 인정받는 작가였으며 아름다운 부인이자 뮤즈 마리와 결혼했다. 곁에서 봤을 때 세베린의 삶은 완벽했다.

그러나 그는 어머니로부터 물려받은 조현병을 앓고 있었다. 조현병은 때때로 그의 삶을 지옥으로 만들었다. 증상이 악화될 때면 아내에게 재능이라곤 없는 시시한 창녀같은 여자라고 폭언했고, 괴물이 자신과 아내를 죽이려 한다는 피해망상에 사로잡혔으며, 병원에서 치료받는 과정을 왕으로부터의 처형이라고 망상했다. 잔혹한 망상들은 아내를 향한 폭력으로 이어졌는데 심지어 목을 졸라 죽이려 시도한 적도 있었다.

〈스카겐 해변의 여름 저녁-화가와 그의 아내〉에는 개가 한 마리 등장하는데, 개는 사람처럼 그림을 위해 포즈를 취할 수 없기에 세베린은 딸에게 개의 포즈를 취하게 했다. 딸에게 물건을 입에 물고 네 발로 걷도록 강요하기도 했다.

마리는 남편의 모든 상황을 포용하고 보살펴줬다. 세베린은 자신을 보살펴줄 사람이 마리밖에 없음을, 마리 덕분에 자신이 매번 회복할 수 있음을, 마리가 없었더라면 자신이 더 최악의 상황에 빠졌을 것이 분명하다고 반복적으로 말하곤 했다.

세베린은 마리가 자신을 언제 떠날지 모른다는 불안에 고통스

PS 크뢰이어, 〈스카겐 해변의 여름 저녁-화가와 그의 아내〉, 1899

러워했고, 마리는 남편을 포용함으로써 그의 삶을 구원한다는 생각에 몰두했다.

마리에게 관찰되는 메시아 신드롬은 대체로 불행한 사람들에게 나타난다. 자신이 불행하다는 심리를 억압하면 반동으로 자신은 행복하다는 강박적인 믿음이 나타나는 것이다.

결국 세베린의 조현병은 그가 가지고 있는 유일한 불행이었으며 그를 도와줌으로써 마리는 자신이 행복하다는 모순된 강박에 갇히고 말았다.

미셸 앵커, 〈친구들의 마지막 인사〉, 1905

당신을 버리고 나를 찾는다

가스라이터가 곁에 있을 때 자신의 상황을 객관적으로 보는 것은 쉽지 않다. 마리가 결혼 후 자신의 삶을 찾기 시작한 것은 안나와 함께 스웨덴으로 여행을 떠났을 때였다.

세베린이 곁에 없는 새로운 환경에서 스스로를 들여다본 마리가 여행지에서 만난 사람은 스웨덴 작곡가 휴고 알벤이었다. 휴고와 사랑에 빠진 마리는 세베린과의 이혼을 결심한다. 세베린은 그로부터 4년 후 사망한다.

세베린의 장례식 모습은 안나의 남편인 미셸 앵커가 남긴 그림에서 확인할 수 있다. 유명했던 화가의 장례식이었던 만큼 많은 사람이 그의 죽음을 추모했다. 마리도 그 자리에 있었다.

마리는 스웨덴을 대표하는 국민 작곡가 휴고와 결혼도 하고 아이도 낳으며 자기 자신을 되찾는 것처럼 보였으나, 다시 그림을 그리진 못했다.

화가를 꿈꾸던 스물두 살의 마리가 세베린을 만나 16년 동안 듣고 또 들었던 '그림에 재능 없는' 자아상이 여전히 그녀의 곁에 남아 붓을 들지 못하게 한 것이다.

가스라이팅에서 벗어나기 위해선 마리처럼 상대와 거리를 둘 수 있는 곳에서 옳고 그름에 대해 객관적으로 판단을 내려보는 것이 중요하다.

자신의 생각이 왜곡되었을 수 있기에 주변 사람에게 상황을 정확하게 말하는 것도 필요하다. 가장 중요한 것은 스스로의 불안을 다룰 수 있는 내면의 힘을 키우고 자신의 자존감이 안녕한지 자주 살펴보는 일이다.

왜 내게만
이런 일이 생기는 걸까

불운

인간은 모두 평등하고 누구에게나 기회는 공평하다지만, 어떤 이들에겐 연속적으로 좋은 일만 일어나고 어떤 이들에겐 반복적으로 나쁜 일만 일어나는 것처럼 보인다.

우연의 일치이고 다양한 상황이 개입되어 벌어진 일이겠지만 사람들은 이런 현상을 묶어 '운'이라는 단어로 표현한다. 그래서 누구는 운이 좋고 누구는 운이 나쁘다고 말한다.

운은 타고난 거라는 생각은 동서양을 막론하고 별자리나 사주와 같은 형식으로 발전되어 왔다. 과학이 아무리 발전해도 운명의 여신이 여전히 자신의 편을 들어주길 바라는 이유는 많은 이의 마음속에 '노력했을 때 운이 도와준다면 더 나아질 것이다'라는 믿음이 있기 때문일 것이다.

행운이 아닌 '불운'이 주변을 맴도는 사람들도 있다. 나이가 어느 정도 들어가며 반복적으로 발생하는 불운한 사건들을 피하려 조심하고 애쓰기도 하지만, 조절하고 통제할 수 없는 사건들이 반복된다면 절망감을 경험하기도 한다.

영국의 화가 루이스 웨인이 그린 작품들은 그 누구의 작품보다 밝고 재치 있지만, 그의 삶은 안타까운 불운의 연속이었다.

──────── 가족을 책임져야 했던 가장

루이스 웨인은 영국 런던에서 태어났다. 6남매 중 유일한 아들로 태어난 웨인은 여섯 살에 구순구개염을 앓아 열 살까지 학교를 제대로 다니지 못했다.

영국의 웨스트 런던 예술학교에서 공부했고 미술 교사로도 일했지만, 불과 스무 살에 아버지가 돌아가시면서부터 실질적으로 가장 역할을 한다.

엄마와 동생, 그리고 누나들은 경제활동을 웨인에게 의지했고 다섯 명의 여자 형제 모두 결혼하지 않았기에 웨인이 모두 책임져야 했다.

그림을 가르치는 교사가 아닌 자신의 그림을 그리고 싶었던 그는 프리랜서 화가로 활동하기 시작했다. 〈일러스트레이티드 스포팅 앤 드라마틱 뉴스〉 〈일러스트레이티드 런던 뉴스〉 등의 매거진에 그림을 수록했다.

이때 웨인의 작품에는 시골 풍경과 다양한 동물이 등장한다. 사람 그림을 좋아하지 않았던 웨인은 동물을 주로 그렸고 동물을 의인화해 익살스럽고 재밌는 이미지를 연출했다. 이를테면 〈더 스트랜드 매거진〉에 실린 불독 그림은 인간의 모습을 불독으로 바꿔 풍자한 재치 있는 삽화다.

초기에는 다양한 그림이 등장했지만 반려 고양이 피터를 만나면서 작품에 고양이가 자주 등장하기 시작했다.

루이스 웨인, 〈제의실의 회의〉, 1892

아픔을 주고 떠나간 사랑

스물세 살의 웨인은 여동생들을 위해 집에 가정교사 에밀리를 들인다. 웨인과 에밀리는 서로에게 반해 금세 사랑에 빠진다.

그러나 가정교사가 웨인보다 열 살이나 더 많다는 점, 그리고 여동생의 가정교사였다는 이유로 이웃과 가족들에게 손가락질을 받았다.

결국 둘은 동네를 벗어나 런던 북부로 이사한다. 드디어 그들에게도 행복한 시간이 찾아온 듯했다. 그러나 에밀리가 젊은 나이에 유방암 선고를 받는다. 그녀는 3년의 투병 끝에 결국 세상을 뜨고 말았다.

웨인은 에밀리가 투병하는 동안에도 계속 그녀를 행복하게 해줄 그림을 그렸고 일을 줄여가면서까지 함께하는 시간을 더 늘렸다. 하지만 시간은 더 이상 둘을 기다려주지 않았다.

에밀리가 남긴 것은 비 오는 날 울고 있던 새끼 고양이 피터였다. 둘은 자녀 없이 함께 피터를 키웠고 피터는 웨인의 작품 활동에 있어 커다란 전환점이 된다.

루이스 웨인,
〈고양이 결혼식〉, 1906

불길한 동물을 그린 화가

화가가 그림에 반려동물을 등장시키는 경우는 흔하다. 그러나 웨인 이전의 작가들은 주로 개를 그렸다. 고양이는 반려동물로서 혹은 그림의 주인공으로서 적절하지 않다는 것이 사회적 분위기였다. 그러나 웨인은 반려묘 피터를 그린 것을 계기로 그림에 고양이들을 자주 등장시킨다.

1800년대는 고양이를 대하는 사회적 태도가 지금과 많이 달랐다. 고양이는 요물이며 기분 나쁘고, 사람의 영혼을 파괴시키는 불길한 존재로 여겨지곤 했다. 할로윈 등의 행사에선 검은 고양이

루이스 웨인, 〈버릇없는 냥이들〉, 1898

가 마녀와 함께 등장하기도 했다.

유럽인들은 반려동물로서 개를 선호한 반면 고양이는 반려동물로 집에 들이는 것을 어딘가 이상한 사람의 취향 정도라고 생각했다. 그래서 웨인의 가족들이 '고양이를 키운다니 제정신이 아닌 것 같아. 고양이를 주인공으로 한 그림을 누가 보겠냐.' 하는 걱정을 할 정도였다.

그러나 웨인은 아랑곳하지 않고 고양이 그림을 그렸고 그의 작품들은 고양이에 대한 인식을 바꾸는 계기로 작용한다.

웨인은 고양이만 가지고 있는 여유로움, 귀여움, 재치, 사랑스러움, 엉뚱함을 포착해 사람처럼 옷을 입히고 역할을 줬다. 오히려 고양이라서 상황을 더 잘 표현한 작품들도 등장했다. 사람들은 고양이의 새로운 면들을 보기 시작했다.

〈버릇없는 냥이들〉을 보면 고양이들이 두 발로 서 있긴 하지만 아직 사람의 의복을 갖춰 입진 않았다. 두 앞발을 사람처럼 팔로 사용하는 정도의 표현으로 고양이의 다양한 특징을 나타낸 것이다. 이후 웨인은 점차 그림에 인간의 의복을 입고 사람처럼 행동하는 고양이들을 담기 시작했다. 비행기를 조종하고 악기를 연주하고 낚시도 했다.

〈고양이 오케스트라〉를 보면 바이올린, 플룻, 하프 등 다양한 악기를 연주하는 고양이들이 숲에 모여 음악회를 열고 있다.

1898년부터 1911년까진 국립 고양이 클럽 회장을 역임하고 캣 쇼에서 심사위원을 맡을 정도로 고양이 커뮤니티에서 인지도가 올라갔다.

애묘인들 입장에선 웨인이 고양이에 대한 경멸적 시선을 줄여줬기에 사랑하지 않을 수 없었다.

웨인은 공공장소를 다니면서도 사람의 모습을 끊임없이 스케치하고 새로운 아이디어를 만들어냈다. 그의 작품들은 연하장, 풍자 삽화, 잡지 등 다양한 곳에서 사랑받는다.

루이스 웨인, 〈고양이 오케스트라〉, 1909

저작권을 모두 넘기고 말았다

웨인은 손이 상당히 빨랐다. 1년에 100권이 넘는 동화책에 삽화를 남겼으니 말이다. 『루이스 웨인 연감』에 수록된 1901년부터 1915년까지의 그림들을 보면 알 수 있다.

그러나 웨인은 작품이 판매된 만큼의 부를 손에 거머쥐진 못했다. 그는 판매된 만큼 돈을 받는 형식이 아니라 저작권을 헐값에 넘겨버렸다. 그림을 한 번 그리는 것에 대한 노동의 대가만 받은 것이다. 웨인의 그림은 복제되어 널리 퍼져나갔지만, 그림만 유명세를 얻었을 뿐 정작 그는 가난을 면치 못했다.

심지어 전기 특허에 집착하던 그는 사업 감각도 없는 상황에서
가진 대부분의 돈을 투자했지만 모두 잃어버려 빈털터리 화가가
되고 말았다.

조현병이라는 유전자

부모의 재산이나 키를 포함한 외모는 선택이 아니라 주어진 것
이다. 그래서 노력하더라도 바꿀 수 없는 부분이 존재한다.

유전병은 자신의 의지와 상관없이 태어날 때부터 DNA에 새겨
져 한 사람을 평생 고통스럽게 만들기도 한다. 그에겐 조현병이라
는 유전자가 있었다.

웨인의 여동생 마리도 조현병을 앓았으며 46세 나이에 세상을
떠났고 웨인 역시 다양한 스트레스 상황을 만나면서 점차 환각과
망상 증세를 앓는다.

1924년 웨인은 점차 폭력적으로 변했다. 가족은 그의 폭력성을
견디지 못하고 정신병원에 입원시켰고 그는 빈민 병동에 입원한
다. 과거 유명세를 떨친 그의 처지가 알려지면서 소설가 허버트
조지 웰스를 포함한 유명인들의 노력으로 서더크의 베들렘 왕립
병원으로 이동하기도 했다.

병원에 입원해서도 그는 고양이를 그렸는데, 조현병 발병 이후

루이스 웨인, 병원에서의 작품, 1930년대

부턴 점차 추상적인 형태를 띤다. 색채는 화려해졌으며 고양이를
의인화하는 형식은 더 이상 보이지 않았다.

그는 인생의 마지막 15년을 고양이가 많고 자연이 가까운 냅스
버리 병원에서 지냈고 1939년 79세의 나이로 사망한다.

정말 모든 것이 불행했을까

　훑어보니 루이스 웨인의 삶에는 안타까운 부분이 많다. 그러나 그의 그림을 보면 불행한 사람이 그린 그림이라고는 생각되지 않는다. 그는 자신의 삶에서 부정이 아닌 긍정의 부분을 바라보려 노력했던 사람이기 때문이다.

　사랑했던 여인 에밀리는 눈을 감으며 웨인이 자신의 죽음 때문에 고통받지 말고 그의 삶을 살길 바랐다.

　많은 사람이 쓸모없다고 말한 특허를 웨인은 평생에 걸쳐 연구했다. 가족들은 한심하게 생각했고 일부 팬들도 쓸데없는 짓이라고 생각했다. 그렇지만 특허와 그림은 웨인이 좋아하는 것이었다. 에밀리가 부탁한 것처럼 행복을 위해 노력했던 것이다.

　삶을 바라보는 방식에 따라 같은 삶도 흰색이 되기도 하고 검은색이 되기도 한다. 사랑했던 에밀리와의 결혼 과정은 고통스러웠고 죽음은 절망스러웠지만, 그녀와 함께하는 동안 웨인은 행복하기 이를 데 없었다.

　저작권을 모두 넘겼기에 그림이 아무리 많이 판매되어도 돈을 벌 수 없었지만, 고양이 그림을 그리는 동안 웨인은 삶의 고통을 잊을 만큼 몰입했고 충분히 즐기려 했다.

　인생의 불행을 찾으려 노력하면 인생은 잿빛으로 보이고도 남는다. 그러나 인생을 어떻게 충만하게 볼지 고민하면 충분히 다르게 보일 수 있다.

삶은 다양한 사건의 연속으로 이뤄져 있고 또 그 안에서 매일을 어떻게 바라보는지 결정하는 것은 본인이다. 웨인은 죽기 전까지 고양이를 그렸고, 판매와 상관없이 집중하고 몰입했으며, 자연과 고양이에게서 위로받았다.

요즘 안 좋은 일이 반복되는 것 같다고 생각된다면 불운이 반복되는 삶 속에서 낙담하기보다 좋아하는 활동에 몰입하고 즐기려 했던 루이스 웨인의 태도를 삶에 적용해보면 좋을 것이다.

감정 조절과
행동화 사이에서

충동

인간은 아침에 눈을 떠 잠들기 전까지 1천 번이 넘는 충동을 경험한다. 핸드폰을 던지고 싶은 충동, 차에서 뛰어내리고 싶은 충동, 서류를 찢어버리는 충동 등 수없이 스쳐 지나가는 충동들이 유발되었다가 사그라드는 데는 1초도 채 걸리지 않는다.

대부분의 충동은 행동화되지 않는다. 이성적으로 충동을 조절해야 하는 이유를 잘 알고 있고 그렇게 하지 않기 위해 반사적으로 행동하기 때문이다. 핸드폰을 던지고 싶은 충동이 들 때면 핸드폰을 손에 더 꼭 쥐어 떨어지지 않게 한다. 그러나 주변 사람이나 스스로에게 해가 가는 행동임을 충분히 알더라도 충동에 저항

하지 못하는 사람들이 있다.

소리를 지르고 싶은 충동, 자해하고 싶은 충동, 화를 내고 싶은 충동, 폭력을 가하고 싶은 충동 등이 조절되지 않고 충동을 행동화하기 전까지 긴장감이 고조된다. 일단 충동을 행동으로 옮기고 나면 쾌감, 만족감, 안도감까지 경험하기에 충동 행동이 오히려 강화되는 경우도 있다. 최근에는 이런 증상을 겪을 때 정신건강의학과의 약물 처방이나 심리치료로 도움을 받을 수 있지만, 의학과 심리학이 발달하지 않은 과거에는 충동조절장애로 자신뿐만 아니라 타인까지 파괴하는 것을 그대로 겪으며 지낼 수밖에 없었다.

_____ 광기를 숭배한 추종자들

39년을 살면서 수사 기록에 열다섯 번이나 이름을 올리고 일곱 번 투옥된 작가가 있다. 이탈리아의 바로크 화가 카라바조다. 본명은 미켈란젤로 메리시지만 르네상스 화가 미켈란젤로와 혼동될 것이라 예상해 고향 이름인 카라바조를 예명으로 사용했다. 카라바조는 다양한 신화, 종교 속 인물을 그렸다. 그중에서도 디오니소스를 그림에 여러 차례 등장시켰다.

디오니소스는 제우스와 테베 공주 테멜레 사이에서 태어났다. 제우스의 아이 중 유일하게 인간과의 사이에서 태어난 경우다.

카라바조,
〈병든 바쿠스를 묘사한 자화상〉,
1593

    남편의 외도를 질투한 헤라가 테멜레를 찾아갔고 제우스가 황
금갑옷을 입은 모습을 본 적 있냐고 물으며 만약 보지 못했다면
진정으로 사랑하지 않기 때문이라는 말을 남기고 돌아온다.

    이 이야기를 들은 테멜레는 제우스에게 황금갑옷을 보여달라고
애원했고 제우스는 어쩔 수 없이 그녀 앞에서 황금갑옷을 입는다.
하지만 인간이었던 테멜레는 황금갑옷에서 뿜어나오는 빛을 견
디지 못하고 타죽고 만다. 제우스는 이때 그녀의 뱃속에 잉태되어
있던 디오니소스를 꺼내 허벅지에 넣고 꿰맨다.

술의 신이라 불린 디오니소스는 인간에게 포도 생산법과 포도주 제조법을 전수해 도취와 광기의 축제를 벌이게 한다. 술은 이성을 마비시키고 판단력을 흐리게 하며 고통과 번민으로부터 잠시 해방될 수 있게 해준다. 디오니소스의 뒤에는 늘 술의 광기에 도취된 광신도들이 뒤따랐다.

카라바조는 디오니소스를 그린 〈병든 바쿠스를 묘사한 자화상〉을 발표한다. 가난에 시달리던 그는 빈민구제소에서 치료를 받고 나온 자신의 모습을 신의 모습에 빗대 표현했다. 신이지만 손톱에는 때가 끼어있고 시든 화관을 쓰고 있으며 얼굴은 병 때문에 창백하다.

카라바조는 당시의 전통적인 회화 방식이 아닌 자신만의 방식을 만들어갔다. 충동적인 그의 성격은 매력적인 예술가로 비춰졌고 실력이 뛰어났기에 성격적 결함이 고유의 특징처럼 여겨지기도 했다. 스케치가 없고 계획되지도 않는 제작 방식과 지나치게 강렬하고 연극적인 연출 방식 등으로 보수적인 미술계로부터 비난을 받았지만 젊은 작가들은 그에게 열광했다.

네덜란드의 화가이자 비평가인 카렐 판 만더는 『화가의 삶』에 "우리의 젊은 화가들은 곧 카라바조의 양식을 따르게 될 것"이라는 강렬한 글을 남기기도 했다. 디오니소스의 뒤를 따랐던 광신도들처럼 젊은 작가들은 카라바조를 숭배했고 그의 그림을 흠모했으며 그의 화풍을 자신들의 그림에 적극적으로 받아들였다.

원하는 것은 반드시 해야 하기에

카라바조는 리얼리티에 심취한 화가였다. 신화와 종교적 그림을 주로 그렸기에 사실주의와는 거리가 멀었지만, 보이는 것을 묘사하는 데 광적으로 집착했다.

카라바조는 당시 1천 스쿠디(약 300만 원)라는 고가에 〈성모자와 세례자 요한〉을 그리기로 계약했는데, 주문자 라자리가 그림을 마음에 들어 하지 않자 그 자리에서 칼로 그림을 찢어버리곤 훨씬 아름다운 작품을 들고 오겠다고 약속한다.

그렇게 다시 그린 작품이 〈라자로의 부활〉이다. 죽은 지 사흘이 지나 시체 냄새가 풍기고 있던 라자로에게 예수님이 손을 뻗어 구원의 빛을 보내고 있고 이미 썩기 시작한 라자로의 시신 위로 빛이 뻗어 나가고 있다.

카라바조는 이 장면을 그리고자 인부 두 명을 고용해 무덤을 파서 시체를 꺼냈고 인부들은 사람 몸이 썩어가는 냄새를 맡으면서 시체를 들고 있었다. 지독한 냄새와 무게 때문에 인부가 시체를 떨어뜨리자 카라바조는 칼로 위협하며 인부에게 시체를 계속 들고 있게 했다는 이야기가 전해진다.

카라바조가 자신이 원하는 바를 끝까지 관철시키는 사람이었다는 증거는 또 다른 기록에도 남아있다. 카라바조는 로마의 화가 조반니 발리오네와 그림 주문을 두고 경쟁을 벌였다. 마지막 순간

카라바조,
〈라자로의 부활〉, 1609

결국 발리오레가 선택되었고 화가 난 카라바조는 그에 관한 험담
과 비난을 퍼뜨리고 다녔다. 시간이 어느 정도 지나도 험담과 비
난이 끝날 기미가 보이지 않자 발리오네는 더 이상 참지 못하고
카라바조를 명예훼손으로 고소한다.

　1603년 재판이 거행되었다. 경쟁에서 실패한 데 앙심을 품은 카
라바조는 발리오네의 명예훼손 혐의를 부정하면서 재판에 임해서
도 그의 그림 실력이 최악이라고 폄하했다.

멈추지 못했던 파괴성

카라바조의 조절되지 못한 충동은 더욱 파괴적으로 나타났다. 주택 침입죄로 체포되기도 했고, 공증인 파스콸로네를 폭행한 죄로 체포되기도 했으며, 임대료를 6개월이나 납부하지 않았고, 하숙집 주인이 사는 방의 창문에 돌을 던진 혐의로 체포되기도 했다.

결정적인 사건은 1605년 교황 즉위 1년 축하식에서 일어났다. 캄포 마르치오에서 네 사람씩 편을 이룬 싸움이 일어났는데, 한쪽 리더 라누초 다 테르니는 그 자리에서 사망했고 상대편 리더 카라바조는 살인죄로 도망자의 신세를 면치 못하게 되었다.

그는 자신의 참수형 선고를 예상이라도 한 듯 참수에 관한 그림을 많이 남겼다. 현재까지 남아있는 카라바조의 작품 중 참수화가 열두 점이나 된다는 점은 주목할 만하다.

메두사는 그리스 신화에 등장하는 마녀로 로르고네스 3자매 중 한 명이다. 메두사와 눈이 마주치는 이는 모두 돌로 변해버렸는데, 페르세우스는 메두사와 눈이 마주치지 않게 하고자 거울처럼 잘 닦인 방패를 이용해 방패에 비친 모습을 보며 메두사의 머리를 잘랐다.

카라바조는 메두사 이야기에서 다른 요소는 제외하고 메두사의 잘린 머리만 그렸다. 원형 캔버스에 그려진 메두사는 자신의 죽음을 받아들이지 못하면서 죽음의 공포로 가득 차 있다. 목에서 뿜

어져 나오는 피가 죽음이 임박했음을
알려주고 있다.

그림 속 메두사의 얼굴을 봤
을 때, 여성의 모습이라고 추
측하긴 어렵다. 폭력적이고 파
괴적인 충동 때문에 겪는 고통
과 누군가가 충동을 멈춰주길 바
라는 카라바조의 마음이 투사된 자
화상으로 추측된다.

카라바조, 〈메두사〉, 1598

_____ **과거의 내가 지금의 나에게**

카라바조는 참수형을 선고받고 도망자 신세로 돌아다니면서도
그림을 주문받았고 명작을 탄생시켰다.

참수형을 피하고자 나폴리로 도주하고 그림 실력으로 몰타 기
사단에게 인정 받아 기사 작위를 받는다. 그러나 작위를 받곤 6개
월 후 기사단원과 싸워 중상을 입히고 또다시 도망자 신세가 된
다. 도망치던 중 몰타 기사단의 습격을 받아 얼굴이 크게 다치는
중상을 입기도 한다.

〈골리앗의 머리를 들고 있는 다윗〉은 그의 마지막 작품으로 알

카라바조, 〈골리앗의 머리를 들고 있는 다윗〉, 1610

려져 있다. 그림 속 주인공 다윗은 이스라엘에 살고 있던 소년이
었다. 한편 팔레스타인의 투사 골리앗은 괴물처럼 큰 덩치에 청동
투구와 비늘 갑옷으로 무장했다.

　골리앗이 이스라엘군에게 제안하길 1 대 1로 싸워 지는 사람이
상대의 종이 되자고 한다. 이때 소년 다윗이 갑옷과 투구를 모두
거절한 채 맨몸으로 막대기와 돌멩이만 손에 들고 나가 골리앗의
이마에 돌을 맞춘다.

　카라바조는 이 작품을 통해 다윗에게 과거 소년 시절의 자신을

투영시켰고 골리앗에겐 습격 받아 얼굴에 큰 상처를 입은 지금의
자신을 투영시켰다. 인생의 밑바닥까지 도달해 더 이상 도망갈 곳
도 없는 지금의 자신을 과거의 자신이 안쓰러운 표정으로 바라보
고 있는 것이다.

삶이 끝나가고 있음을 알고 있는 카라바조의 얼굴, 고통스럽게
신음하며 조절되지 못했던 충동의 죗값을 치르고 있는 것 같다.
이 그림을 그리고 얼마 되지 않아 그는 39세의 나이로 쓸쓸하게
사망한다.

──────── 자신이 선택한 충동의 행동화

수많은 충동이 머릿속에 스쳐 지나갈 때, 행동화되는 것들은 충
동에 믿음을 실어준 경우다. 스트레스를 받았을 때 다양한 생각이
떠오르지만, 폭식에 믿음을 실어주면 스트레스를 받을 때마다 음
식을 찾을 것이다. 누군가는 폭력을, 누군가는 술을, 누군가는 잠
을 찾을 수도 있다.

병리적인 충동조절장애라면 의학적인 도움이 필수겠지만, 그렇
지 않은 경우라면 1천 가지의 충동 중 힘을 실어준 충동들만이 행
동화된다.

원치 않는 행동이 반복적으로 튀어나와 나를 불편하게 하고 있

다면 자신이 생각과 감정, 행동의 주체라는 사실을 정확하게 인식해야 한다. 어쩔 수 없이 그 행동을 한 것이 아니라 결국 자신이 선택했고 반응도 스스로 유도했다는 것을 알아야 한다.

그동안 그렇게 살아왔기 때문에 어쩔 수 없는 것이 아니다. 충동을 행동화하도록 내버려둔 이는 결국 자신이다. 이 사실을 인지하고 다시 비슷한 상황을 만날 때 떠올릴 수 있다면 충동적 감정을 분출한 과거를 반복하는 일은 점점 줄어들 것이다.

인간은 어디까지
잔인해질 수 있는가

욕망

아돌프 히틀러와 나치의 유대인 학살이나 이오시프 스탈린의 대숙청 등을 접할 때면 '인간이 인간에게 어찌 이리도 잔인할 수 있을까'라는 생각에 인상이 찌푸려진다.

주변 사람도 충분히 그럴 수 있다는 인간 혐오가 사회 전반으로 퍼져나가기도 하지만, 나 역시 그런 인간 중 하나라는 사실은 무기력으로 돌아오기도 한다.

『인간은 왜 잔인해지는가』의 저자인 심리학자 존 렉터는 인간이 인간에게 잔인해지는 이유를 '대상화'의 개념으로 설명한다. 상대를 나와 같은 사람으로 바라보는 것이 아니라 그보다 낮은 수

준인 도구이자 물건으로 본다는 것이다.

대상화의 가장 낮은 수준은 일상적 무관심이지만, 두 번째 단계
는 타인을 나의 '욕망'을 실현하는 도구에 불과하다고 인지하는
유도체화이며, 마지막 단계는 상대를 인간으로서의 자격도 없다
고 여기는 비인간화다.

_____ 인간의 잔혹함을 목격한 화가

프란시스코 고야는 1746년 스페인의 가난한 시골 마을에서 태
어났다. 당시 유럽의 변방에 지나지 않았던 스페인은 대국으로부
터 끊임없는 침략 위협에 시달리고 있었다. 또한 무력 세력들에
의해 왕정이 빈번하게 교체되며 전쟁이 잦았다.

고야는 화가의 눈으로 시대의 끔찍한 모습을 그림에 담았다.
1810년부터 6년간 인간의 잔인성을 그린 그림 80장을 완성했고
1813년에《전쟁의 참화》로 공식 출판된다.

1808년 프랑스가 스페인을 침략했다. 그러나 스페인 민중들은
프랑스군이 스페인 지도자들의 학정으로부터 자신들을 구해주기
위해 왔다고 생각했다. 그래서 프랑스 군대가 스페인에 도착했을
때 적극적으로 환영하기까지 했다.

그러나 스페인에 이민족이 진입해왔을 때, 프랑스는 언제까지

프란시스코 고야, 〈더 이상 무엇을 할 수 있는가〉, 1813

나 정복자였지 해방자가 될 수는 없었다. 프랑스는 나폴레옹의 형인 조세프 보나파르트를 스페인 왕으로 임명하고 프랑스의 배신을 목격한 스페인 민중은 분노한다.

일련의 사태를 더 이상 두고볼 수 없다고 생각한 스페인 시민은 1808년 5월 2일 민중 시위를 벌인다. 그러자 프랑스 군대가 기다렸다는 듯이 진압한다. 시위에 참여한 시민들을 잔인하게 처형하는 등 학살극을 벌인다.

고야는 이 사건을 두 눈으로 똑똑히 목격했다. 궁정화가였던 고야는 1814년 섭정관에게 마드리드에서 일어난 스페인 시민 봉기를 그림으로 남기는 것을 제안한다.

평소 고야의 예술적 능력을 인정한 섭정관은 제안을 받아들였고 고야는 이 사건을 시위 편인 〈1808년 5월 2일〉과 학살 편인 〈1808년 5월 3일〉로 그려 스페인에서 벌어진 잔혹한 광경을 역사에 남긴다.

_____ 나 역시 같은 인간이라는 혐오감

〈1808년 5월 3일〉을 살펴보면 어두운 밤하늘을 배경으로 저 멀리 교회가 보이고 왼편에는 시민들이 늘어서 있다. 오른편에는 고개를 들지 못하고 있는 프랑스 군인들이 스페인 시민들에게 총을 겨누고 있다. 군인들도 눈 뜨고 못 볼 처참한 살육이 벌어지고 있는 것이다.

5·18 광주 민주화 운동 때 우리나라의 군인들이 그랬듯, 혁명의 주체가 되었던 프랑스 군인들이 어느샌가 총 쏘는 기계로 전락해 있었다. 가축을 도살하듯 기계적으로 시민들을 죽이고 또 죽이는 학살이 밤새도록 끝나지 않은 채 새벽을 맞이한다.

시민들은 두려움에 떨며 다른 사람의 뒤에 숨기도 하고 죽음의 두려움에 고통스러워하기도 했다. 머리를 움켜쥐며 정신을 차리

프란시스코 고야, 〈1808년 5월 3일〉, 1814

기 위해 애쓰기도 했다. 그들의 발밑에는 목숨을 잃은 마드리드 시민들의 시체가 즐비하다. 총살형이 벌어지고 있는 지금, 여기서 있는 시민들은 죽을 것이 분명하며 그들 뒤에 길게 늘어진 줄은 앞으로도 수많은 사람이 죽을 거라는 사실을 알려주고 있다.

인간에게서 발견한 추악함과 광기는 인간 사회 전체에 대한 혐오로 퍼져나갔고 시대의 잔혹함은 화가 자신에게도 부메랑처럼 돌아왔다. 그는 자신 또한 추악하고 광기에 휩싸인 인간 중 하나에 불과하다는 사실에 직면한다.

_____ **이성이 잠들면 괴물이 깨어난다**

    1792년 고야는 콜레라를 앓는다. 이때 고열로 청각을 잃고 만다. 그가 봐왔던 잔혹하고 어두운 세계는 세상의 소리가 사라짐과 동시에 심연 속으로 잠기고 만다.

    고야의 판화집 《로스 카프리초스》 43번째 작품에 등장하는 한 남자는 책상 위에 잠이 든 듯 엎드려 있다. 책상에는 '이성이 잠들면 괴물이 깨어난다'라는 글귀가 새겨져 있다. 그림의 부제다.

    남자의 등 뒤로 스라소니, 부엉이, 박쥐의 모습을 한 괴물들이 깨어나 눈을 떠 날갯짓하고 있다. 인간이 이성을 외면하는 순간 언제든지 괴물을 꺼낼 준비가 되어있다는 것이다.

    누구든 마음속에 괴물을 품고 있다. 단지 괴물을 꺼내지 않으려 이성이 노력하는 것일 뿐 누구든 언제나 다른 누군가를 해칠 수 있는 나약한 인간이라는 것을 고야는 말하고 있다.

    프리드리히 니체의 저서 『선악의 저편』에는 "괴물과 싸우는 자는 자신도 괴물이 되지 않도록 주의해야 한다. 오랫동안 심연(深淵)을 들여다보고 있으면 심연 또한 그대를 들여다본다."라는 문구가 잠언 형식으로 등장한다.

    인간은 본디 선하다는 성선설이 존재하는 이유는 인간이 가지고 있는 욕망을 숨기려고 만들어낸 가식적인 거짓말일 뿐이라는 의미다. 니체가 인간이 가지고 있는 내면과 무의식, 욕망의 세계

프란시스코 고야,
〈이성이 잠들면 괴물이 깨어난다〉,
1799

를 들여다보라고 주의를 줬다면, 고야는 욕망에 이기지 못한 인간
이 결국 심연으로부터 지배당하는 공포를 표현했다.

남자는 종이에 뭔가를 쓰다 잠들었고 그의 뒤에는 스페인에서
지혜의 여신과 함께 다니는 동물로 알려져 있는 부엉이가 날고 있
다. 지혜가 있는 자라도 욕망의 그늘 안에 갇히면 결국 욕망을 위
해 충성할 것이다. 잠에서 깨어난 남자는 다시 이성의 힘으로 욕
망을 누를 것인가. 그는 과연 어떤 글을 써 내려갈 것인가.

정녕 무엇이 옳은 선택인가

『라사리요 데 토르메스』는 스페인의 사실주의 소설이다. 특이한 점이 있다면, 과거 대부분의 소설들이 왕이나 높은 신분의 귀족이 주인공인데 반해 이 소설은 피카로라는 낮은 신분의 소년이 주인공이라는 것이다.

피카로는 천한 신분의 아이였고 그가 모신 주인은 장님이었다. 아이는 굶주렸고 소시지가 먹고 싶었다. 그는 배고픔이라는 가장 원초적이고 강한 욕망을 이기지 못하고 주인의 음식에 손을 댄다. 그는 주인의 소시지를 몰래 먹은 후 주인의 빵 사이에 소시지 대신 무를 집어넣는다.

그러나 냄새로 알아낸 주인은 피카로의 입을 강제로 벌리고 입안에 남아있는 소시지의 냄새를 확인하고 있다. 소시지가 먹고 싶은 욕망, 내 것을 부당하게 빼앗기고 싶지 않은 욕망.

서로에 대한 예의가 없는 욕망들은 개인을 메마르게 하고, 상대를 상처 입히며, 사회를 불편한 곳으로 만든다. 어디에도 배려는 보이지 않는다.

인간은 스스로를 합리적이고 논리적인 존재라고 생각하기에 그렇지 못한 자를 고결하게 비난하는 것도 서슴지 않는다. 그러나 그런 인간조차 이성을 버리고 자신의 의지와 반하게 움직이곤 한다. 언제 그럴까.

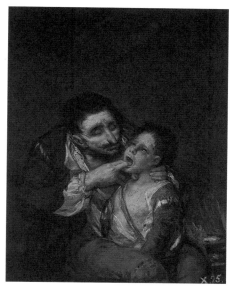

프란시스코 고야,
〈라사리요 데 토르메스의 삶〉,
1812

　고야가 살았던 당시 스페인의 수많은 종교재판에서 보이듯 인간은 고통받는 상황에서 벗어나려는 욕망으로 진실을 저버리기도 한다. 유대교가 아닌 자들도 고통스러운 고문을 며칠 받고 나면 스스로 유대교도라고 거짓 자백을 했다.

　살아남고 싶은 욕망 때문에 스페인 사람들은 조국을 버리고 프랑스의 편에 서기도 했다. 일제 강점기 때 일본의 편에 서서 자신의 안위를 챙긴 조선인 역시 검은 욕망에 사로잡힌 자들이었다.

다른 누구도 아닌 내가 살아남기 위해

사람을 대상화하는 것이 불편해도 사건이 반복되면 결국 무뎌진다. 누군가를 함부로 대하는 것, 학대하는 것, 피해자를 방임하는 것도 처음이 어렵지 차츰 쉬워진다.

스페인 국민을 무차별로 사살하고 죽는 모습을 보고도 아무렇지도 않았던 프랑스 군인들도 자신을 사랑해주는 부모 밑에서 자란 소년들이었다. 말하는 법, 숫자 읽기, 테이블 매너를 배우고 생명의 소중함을 배우며 이웃을 배려하는 법도 배웠을 것이다.

프랑스가 나쁘고 스페인이 피해자인 것만은 아니었다. 프랑스에게 뺏긴 주권을 다시 찾은 스페인은 자신들이 당한 것을 똑같이 되돌려준다. 모든 인간 안에는 괴물이 살고 있고 그들이 활동할 기회의 장을 만나는 순간 괴물은 폭발하듯 움직이는 것이다. 선하게 살아가는 이들은 기회가 없었을 뿐 누구나 괴물이 될 잠재력이 있다는 것이 고야의 생각이었다.

〈아들을 먹어 치우는 사투르누스〉에는 그리스 신화에서 올림푸스의 왕 제우스의 아버지인 사투르누스가 등장한다. 사투르누스는 고대 로마의 농경신으로 그리스에선 크로노스라고 불린다.

크로노스는 아버지 우라노스가 자식들을 계속 죽이자 아버지의 생식기를 잘라 바다에 던졌다. 그때 크로노스는 우라노스로부터 '너의 자식이 태어나 너를 죽일 것이다'라는 저주를 받는다. 하여

144

프란시스코 고야,
〈아들을 먹어 치우는 사투르누스〉,
1823

크로노스는 아이가 태어나는 대로 먹어치웠고 고야는 그 장면을
포착해 작품으로 탄생시켰다.

살고 싶은 욕망은 아버지가 아들을 먹어치우는 행동까지 가능
하게 한다. 죽고 싶지 않은 두려움에 떨며 이미 머리를 먹어 치워
죽은 아이의 팔을 물어뜯고 있는 아버지의 모습은 자신을 위해 타
인의 고통은 신경도 쓰지 않는 무심하고 잔인한 사회처럼 보인다.

인간다움을 잃지 않는다는 것

오스트리아의 심리학자 빅터 프랭클은 홀로코스트 동안 아우슈비츠 강제수용소에서 겪었던 기억을 종합해『죽음의 수용소에서』를 출간한다. 강제수용소는 인간의 대상화 중 세 번째 단계인 비인간화가 그 어느 곳보다 잔인하게 진행되었던 곳이다.

프랭클은 제2차 세계대전 중 수용소를 무려 네 번이나 옮겨 다니며 선택이 죽음과 직결되는 절대적이고 불가피한 시련과 맞닥뜨렸다. 그러나 프랭클은 인간다움을 상실한 그곳에서 역설적으로 인간이 인간답게 살기 위해 필요한 것이 무엇인지 깨닫는다.

이 책의 원작 제목이 'Man search for meaning'이라는 점에서도 알 수 있듯 그는 인간다운 삶을 위해 사람은 삶의 의미와 목적을 분명히 해야 한다고 결론지었다.

굶주린 상황에서 남의 음식을 훔치는 사람, 고통받거나 죽어가는 동료를 방관하는 사람, 나치의 편에 서는 사람도 있었지만 그렇지 않은 사람도 있었다.

프랭클은 환경의 지배를 받을 수밖에 없는 수용소 생활 중에서도 자유의지로 가치 있는 목표를 선택하고 노력하고 투쟁해 훌륭한 인격을 보이며 인간 존엄을 지켜낸 사람들을 봤다고 고백한다. 또한 수용소에서 살아남은 사람들 대부분이 살아남을 이유와 목표가 확실했음을 확인한다.

결국 인간이 인간답기 위해 필요한 것은 자신이 어떤 사람이 될 것인지 선택하고 내면의 자유를 찾는 것, 쾌락을 얻거나 고통을 피하지 않고 삶의 의미를 찾는 것이다.

욕망은 누구에게나 존재한다. 살아있는 한 필연적으로 이성과 욕망 사이에서 싸워야 할 것이다. 그러나 '나는 왜 사는가?'에 대한 해답을 얻기 위해 살아간다면 가치 있는 삶의 방향으로 향할 것이고 프랭클이 그랬던 것처럼 삶의 가치를 위해 살아가는 사람들도 여전히 많을 것이다.

인간을 대상화하는 사회에 좌절하기보다 나부터 인간다움을 잃지 않아야 할 것이다. 그러기 위해선 삶의 의미를 찾는 노력을 멈추지 말아야 한다.

3부

어떻게 나를 더
단단하게 만들까요

나에게 잘해주는 일상의 행동들

잠이라는 휴식이 주는
특별한 선물

자다

바쁜 하루를 보내고 난 밤, 모두가 '잠'에 든다. 신체와 정신에 휴식을 제공하고 꿈을 꾸는 시간이다. 잠을 잘 때 사람은 눈을 감고 대부분의 활동이 정지된 채 아무것도 하지 못하는 무방비 상태가 된다.

과거에는 잠자는 행위에 대해 자세히 설명하기 어려웠지만, 이제는 과학의 발전으로 잠이 우리에게 주는 의미를 다양하게 알려주고 있다. 하여 잠에 대해 자세히 알 수 있다.

잠은 신체활동을 중지시킴으로써 피로를 해소하는 과정이다. 잠을 자는 동안에는 생명 유지에 필수적인 기관을 제외하고 신체가 일을 하지 않는다. 멈추는 것이다.

잠을 자면 뇌 속의 노폐물도 제거된다. 잠을 잘 때 뇌에 쌓인 아데노신을 비롯한 노폐물들이 간으로 흘러 들어가 정화 작용이 시작된다. 또한 잠을 잘 때, 일상에서 겪은 일 중 필요한 것과 불필요한 것을 분류해 장기기억으로 보내거나 삭제한다. 자고 나면 고통스러운 감정이 사라지거나 자고 일어났을 때 공부한 내용이 더 또렷이 기억나는 것도 이 때문이다.

최근의 수면 패턴은 어땠는가. 잠을 자고 일어났을 때 푹 잤다는 생각이 들었는가. 잠을 자는 도중에 꿨던 꿈 중 기억나는 것이 있는가. 스스로에게 줄 수 있는 최고의 휴식인 잠, 매일 하루도 거르지 않고 취하는 잠의 시간을 어떻게 보냈는지 한 번쯤은 되돌아볼 필요가 있다.

오늘 하루도 수고했어요

프레데릭 레이턴은 현재의 대중에게는 널리 알려져 있지 않지만, 그가 활동하던 19세기 당시만 하더라도 영국에서 최고의 화가로 불렸다. 영국 역사상 최초로 화가가 세습 남작 지위를 받은 인물이기도 하다.

당대에는 미켈란젤로와 견줘 비교했을 만큼 위대했던 화가 레이턴은 〈타오르는 6월〉의 여자 주인공을 선택하기까지 몇 달의

프레데릭 레이턴,
〈타오르는 6월〉, 1894

시간을 보내야 했다. 결국 그림의 주인공으로 그가 깊이 아낀 여배우 도로시 딘을 정한다.

강렬한 주황빛 드레스가 넘실거리며 그녀를 감싸고 있다. 그녀의 뒤로는 햇빛에 반사되는 윤슬이 눈부시게 반짝이며 고요한 휴식을 지켜주는 듯하다.

사랑하는 사람이 자고 있는 모습을 볼 때 대부분의 사람이 느끼는 감정은 연민과 감사다. 고된 시간을 보내고 지쳐 잠들어 있는 그의 하루가 떠오르고 또 이렇게 내 곁에 숨 쉬고 살아있음에 감사하게 되는 것이다.

눈을 마주치고 대화할 때는 느끼지 못했던 정적 속에서 그의 숨소리만이 가득 찬 공간에서 함께 살아가고 있음에 벅차오른다. 행여나 사랑하는 사람이 깰까 봐 조심스레 움직이고 잠든 얼굴을 살핀다. 그렇기에 잠자는 사람을 그린 그림들에는 따뜻한 배려가 스며들어 있는 것 같다.

65세 나이에 20대 여인을 사랑한 화가 레이턴은 딘이 잠에서 깰까 봐 조심스레 붓질을 하고 있다. 그의 섬세함이 그림 곳곳에 묻어나 있기에 그림을 감상하는 이들에게도 그가 표현하려 했던 휴식의 포근함이 고스란히 전달되고 있다.

죽음과 삶의 경계, 잠

밤이 되면 잠을 자고 아침이 되면 깨어나는 것이 일반적인 모습이지만, 안 루이 지로데의 〈엔디미온의 잠〉 속 미소년 엔디미온은 영원한 잠에 빠져있다. 지로데는 신고전주의의 거장 자크 루이 다비드의 문하로 신화 등의 고전적 주제를 주로 그린 프랑스 화가로 알려져 있다.

엔디미온은 그리스 신화에 등장하는 미소년 목동이다. 그의 아름다움에 반한 달의 여신 셀레나는 달이 뜨는 밤이 되면 그를 찾아왔다. 불멸의 생명을 가진 여신 셀레나와 달리 인간 엔디미온은 아름다움뿐만 아니라 생명의 한계가 분명했기에 셀레나는 그에게 영원한 생명을 줄 수 있는 방법을 찾는다. 결국 셀레나는 제우스에게 간청해 그를 영원한 잠에 빠지게 한다. 불멸의 생명을 준 것이다.

셀레나는 잠든 엔디미온과 50명의 딸을 낳았다. 그리스 달력에서의 '50개의 달(Lunar months)'을 의미하며 올림픽 주기인 4년과 일치한다. 그림 속에서 은은하게 비추는 달빛은 이 모든 것을 계획한 달의 여신 셀레나의 모습일 것이다.

계속 잠을 잘 수밖에 없는 엔디미온은 영원히 살아있는 것인가, 죽음을 맞이한 것인가.

안 루이 지로데, 〈엔디미온의 잠〉, 1791

잠을 자고 있는 모습은 의식이 없고 움직임이 거의 없기에 죽음과 비슷하게 여겨지기도 한다. 과거에도 잠과 죽음이 비슷한 선상에서 논의되었다는 것은 그리스 신화에서 확인할 수 있다.

워터하우스의 〈히프노스와 타나토스〉 속 쌍둥이 주인공이 잠과 죽음의 신이라는 점이 이를 뒷받침한다. 워터하우스는 라파엘 화풍과 주제를 따른 영국의 화가다. 한국 대중에는 〈오필리아〉로 알려졌는데, 주로 그리스 신화와 아서왕을 모티브로 하는 고전주의 작가다.

그리스 신화 속 잠의 신 히프노스는 밤의 여신 닉스와 어둠의 신 에레보스의 사이에서 태어났다. 죽음의 신 타나토스와 쌍둥이 형제이기도 하다. 독일의 심리학자 지그문트 프로이트가 정신분석학에서 죽음의 추동을 타나토스라고 명명한 것이 이 신화에서 비롯되었다.

히프노스가 사는 곳은 죽은 사람들의 땅인 명계에 흐르는 다섯 개의 강 중 '망각의 강'이라 불리는 레테(Lethe) 근처 동굴이다. 잠을 자고 나면 이전의 일이나 수면 중에 꾼 꿈 등을 쉽게 잊는 모습을 묘사한 것이다.

히프노스는 인간들에게 꿈으로 메시지를 전달할 때 자녀인 꿈의 신들에게 일을 맡긴다. 인간을 포함한 많은 동물이 낮 시간의 잔상, 억눌린 욕망, 소망 등을 다양한 꿈의 형태로 만난다.

프로이트는 "꿈은 무의식으로 가는 왕도"라고 설명할 정도로 꿈

존 윌리엄 워터하우스, 〈히프노스와 타나토스〉, 1874

이 가지는 의미를 중요시했다. 그는 무의식에는 이성적으로 용납되지 않는 충동, 소망, 과거의 고통스러운 기억, 감정들이 저장되어 있고 꿈속에선 상징적인 이미지로 이 충동과 소망들이 일정한 형태로 나타난다고 했다.

현대의 신경과학자들이 꿈에 과다한 의미를 부여하는 것을 삼가라고 권하고 있음에도 많은 꿈 분석가들은 꿈에서 연속적인 상징과 의미의 단서들을 찾아내고 있다.

_____ 잠이 주는 것들

　사막 같은 곳에 하얀 달이 덩그러니 떠 있고 한 집시 여인이 누워있다. 사자 한 마리가 그녀에게 다가가고 있다. 혹시 굶주린 사자가 그녀를 잡아먹으려는 걸까.

　작가는 '아무리 사나운 육식동물이라도 지쳐 잠든 먹이를 덮치는 것을 망설인다'라는 부제로 〈잠자는 집시〉 속 사자에게 집시 소녀를 잡아먹으려는 의도가 없다는 사실을 알려주고 있다. 어쩌면 집시 여인이 꾸는 꿈일지도 모른다.

　이 그림은 화가 앙리 루소의 이야기를 반영하고 있다. 그는 가

앙리 루소, 〈잠자는 집시〉, 1897

난한 배관공의 자제로 태어난 프랑스의 화가로, 마흔 살이 넘어서야 화가라는 꿈에 다가가기 시작했다.

　제대로 된 미술 교육을 받지 못한 그는 독학으로 그림을 그리며 자연이야말로 최고의 스승이라 생각했지만 대중의 반응은 차가웠다. 냉담했던 미술계의 반응에도 계속해 전진할 수 있게 해준 것은 다름 아닌 '꿈'이었다. 그는 꿈의 힘을 믿었기에 꿈꾸는 집시 여인처럼 맹수 같은 화단의 혹평에도 그림을 포기하지 않을 수 있었다.

　밤에 꾸는 꿈, 소망을 의미하는 꿈은 우리나라뿐만 아니라 많은 언어권에서 같은 의미로 사용한다. 실제가 아닌 것을 실현하려 애쓴다는 점에서도 비슷하지만 부질없이 사라져버린다는 점에서도 공통점을 가지고 있다. 무의식에 접어놓은 꿈의 잔상처럼 어릴 적부터 가져온 나의 꿈 역시 고이 접어 넣어버릴 것인가.

　잠은 휴식을 제공해줄 뿐만 아니라 꿈이라는 값진 선물까지 제공한다. 나의 꿈이 희미해져 가고 있다면 오랜만에 다시 꺼내보는 것은 어떨까. 오늘 밤에는 어떤 꿈을 꿀 것인가. 내일 아침이 밝으면 또 어떤 꿈을 꿀 것인가.

더 나아가기 위한
숨 고르기

쉬다

축구 선수는 전반전을 마친 후 휴식 시간을 가지며 후반전을 준비한다. 다음 경기를 준비하기 위해 잠시 쉬어가는 하프타임이다.

등산을 할 때도 한 시간에 한 번씩은 쉬도록 한다. 휴식 없이 무작정 걸으면 무릎관절 통증이나 근육통을 심하게 겪을 수 있다. 앉을 장소가 없다면 서서라도 쉬도록 하는 것이 등반의 규칙이다.

스스로를 밀어붙여 쉬지 않고 올라가다 지쳐버리면 그 자리에 주저앉기도 한다. 이미 다리가 풀려버린 후 다시 일어나 올라가는 것은 너무 어렵다.

중간중간 적당히 쉬어줬더라면 정상까지 갈 수 있었을 걸, 쉬는 시간이 아깝고 중간에 쉬는 것이 자존심 상한다는 이유로 무리하는 초보 등산가의 실수다.

책을 쓸 때도 마찬가지다. 초고를 쓰고 나서 바로 탈고를 하지 않고 초고를 서랍에 넣어뒀다가 며칠 뒤 다시 꺼내 탈고를 시작해야 한다. 잠시 멈춰 쉬는 것은 시간을 낭비하는 것도 아니고 도태되는 것도 아니다. 앞으로 더 나아가기 위한 숨 고르기다.

_____ 쉼의 효용가치

'쉼'이 더 나아감을 위한 멈춤이라는 말을 들어도 쉬지 않고 계속 나아가는 것이 더 효율적이라고 생각하는 사람들이 여전히 많다. 그러나 쉬는 시간에 뇌의 학습 효율성이 상승된다는 연구 결과들은 쉬지 않을 경우 학습효과가 저해된다고 강조하고 있다. 미시간주립대학교의 최근 실험에서도 낮잠 동안의 낮은 서파수면이 피로감과 판단력 상승에 도움이 된다고 밝혔다.

프랑스의 사실주의 화가 귀스타브 쿠르베는 주변에서 일어나는 현실만 그린 것으로 유명하다. "내게 천사를 그리게 하려면 천사를 데리고 와라"는 말을 남겼으니 눈에 보이는 현실만 묘사하는 작가라는 것을 알려주고 있다.

쿠르베의 〈해먹〉을 보면 한 여성이 잠시 눈을 붙이고 있다. 주황

귀스타브 쿠르베, 〈해먹〉, 1844

빛 해먹이 나무와 나무 사이에 펼쳐져 있고 오렌지색 머리를 드리운 한 여성이 해먹에 몸을 기댄 채 새근새근 잠들어 있다.

나무와 풀들이 무성하게 자라나 있고 싱그러운 풀내음이 풍기는 오후 햇빛이 뽀얀 피부에 따사롭게 내려앉고 있다. 잠깐의 쉼이지만 그녀에겐 오후 시간을 더 열심히 보낼 에너지가 충전되는 시간이다.

쉼이 학습에 도움이 된다는 것을 뒷받침하는 심리학 효과 중 자이가르닉 효과, 즉 미완성 효과가 있다. 리투아니아의 심리학자 블루마 자이가르닉은 카페 종업원이 다량의 주문을 한꺼번에 받은 후 서빙하는 모습을 보고 흥미를 느꼈다.

자이가르닉이 종업원에게 다가가 이전 주문 내역을 묻자 그는 기억하지 못했다. 이에 착안해 실험 집단으로 164명을 모집한 후 A와 B 두 개의 그룹으로 나눴다. 그리고 두 그룹에 구슬 꿰기, 수학 문제 풀기, 시 쓰기 등의 과제를 제시했다. A 그룹에겐 충분한 학습 시간을 줬고 B 그룹에겐 학습 도중 방해를 해 충분한 학습이 이뤄지지 못하게 했다.

당일 테스트에선 방해를 받지 않은 A 그룹이 우수한 결과를 보였다. 그러나 시간이 지난 후 다시 A 그룹과 B 그룹을 모집해 테스트를 했을 때는 B 그룹이 더 우수한 결과를 보였다. 방해받아 미해결되었다고 인지한 학습이 오히려 머리에 더 오래 남는다는 사실을 입증한 실험이었다.

학습하고자 하는 것, 체득시키고자 하는 것도 계속 밀어붙이지 않고 잠시 쉬었을 때 학습효과가 상승된다. 뇌에선 충분히 넘치도록 학습한 것이 아니라 도중에 쉬었기에 미완성의 학습을 했다고 인식하고 필요한 정보를 더욱 붙잡는 것이다.

뇌는 한꺼번에 많은 양의 정보를 받아들였을 때 쉬는 시간을 통해 장기기억으로 저장한다. 그렇기에 한 가지 정보가 입력된 후 다른 정보를 입력해버리면 앞선 정보는 입력될 기회를 잃고 유실되어버린다. 학습과 학습 사이에 쉬는 시간이 필요한 것은 단순히 학습자가 배고플까 봐 또는 화장실에 가고 싶을까 봐 배려하는 것이 아니라 학습 효율을 더 높이기 위한 목적도 있다.

현실과 거리 두기

휴식은 심리학적 접근으로는 강렬한 감정을 느끼지 않는 정서 상태다. 그렇지만 긴장하고 몰입하는 경험 덕분에 휴식을 취하기도 한다.

만약 어떤 활동이 지금의 지친 현실로부터 벗어나는 탈출구의 역할을 할 수 있다면 누군가에겐 분명 휴식이라 불릴 형태가 되기도 한 것이다.

요즘 사람들은 종종 '자기계발'이라는 단어에 지나치게 큰 의무감을 느끼는 듯하다. 성공한 사람들이 매체에 나와 자기를 계발하라는 말을 수없이 하기 때문이다.

그래서 일을 하지 않는 시간에 독서, 영화 보기, 여행, 운동 등 다양한 자기계발 활동을 한다. 그러나 이 활동들은 에너지를 상당히 소모시킬 수밖에 없다.

글을 읽고 분석하고 이해하며 내 것으로 만드는 독서는 상황에 따라 고되고 힘겨운 일이기도 하다. 전공 책을 읽으며 시험 공부를 하거나 발표 준비를 위해 참고 서적을 읽을 때의 독서는 필요에 의해 의무적인 행위가 되기 때문이다.

그러나 자발적으로 기꺼이 하는 독서는 현실에서 벗어나 다른 세계로 빠져드는 경험을 하게 한다.

러시아의 사실주의 작가 니콜라이 보그다노프-벨스키는 천한 날품팔이의 사생아로 태어났지만 고향 이름인 벨스키를 성으로 만들어 정체성을 만든 진보적인 화가다.

보그다노프-벨스키는 시골에서의 소박한 삶의 모습들을 즐겨 그렸는데, 특히 아이들이 자연 속에서 놀고 있는 모습과 청소년, 성인들이 일상생활 속에서 잠시 기쁨과 위안을 얻는 모습들을 화폭에 즐겨 담았다.

〈심포니〉를 보면 하얀 드레스를 입은 소녀들이 피아노를 치고 있다. 집중하고 있는 모습이지만 저물어가는 해처럼 소녀들은 편안해 보인다. 아름다운 선율에 따라 잠시 이곳에서 벗어나 음악의

니콜라이 보그다노프-벨스키, 〈심포니〉, 1920

공간에 푹 빠져있는 것 같다.

우리는 뭔가를 하며 일상에서 잠시 벗어난 기분을 느낄 때 잘 쉬었다고 표현하기도 한다. 실제로 육체나 정신이 쉬고 있지 않더라도 새로운 기분을 느끼고 현실과 멀어지는 경험을 한다면 또 다른 의미에서의 쉼이 된다.

사람이 많이 모이는 곳에 가면 쉽게 에너지를 빼앗기는 사람도 있지만, 누군가에겐 지루한 일상에서 벗어나 인파가 몰리는 축제

앙리 루소, 〈독립기념일 축제〉, 1892

에 방문하는 것도 쉼의 모습 중 하나다.

정규 미술 교육을 받지 않고 자연을 스승 삼아 그린 작가인 만큼 앙리 루소의 그림은 꿈처럼 몽환적이고 짙은 자연의 색상이 강렬하다.

〈독립기념일 축제〉를 보면 프랑스의 독립기념일 100주년을 맞이해 사람들이 축제를 벌이고 있다. 한국에서 광복절을 중요한 날로 기억하듯 프랑스에서도 매년 1789년의 프랑스 혁명을 기린다.

프랑스 국민은 중세부터 근대까지 3부회로 구성되어 있었다. 제1부 사제, 제2부 귀족, 제3부 평민으로 구성되어 사제와 귀족은 투표권이 있었고 세금이 면제되었지만 평민은 투표권이 없고 세금 납부 의무만 있었다.

제1, 2 신분은 인구의 1~2%에 불과했지만 프랑스 영토의 40%를 차지했다. 이런 불평등으로 결국 루이 16세와 왕비 마리 앙투아네트를 단두대에 세운 프랑스 혁명이 봉기하기에 이른다.

축제는 '축이 동반된 제사'라는 의미로 과거에는 절기별로 변하는 자연, 농경, 추수를 기념하는 행사였다. 영어 'Festival'의 정의 역시 어떤 장소, 날짜, 기간을 기리는 종교적 행사에서 비롯되었다. 지금은 종교적 내용 없이도 사람들이 모여 음식과 행사를 진행하는 즐거운 시간으로 변했다.

농산물 축제에는 다양한 볼거리, 먹거리, 살 거리들이 즐비하고 벚꽃 축제나 단풍 축제 덕분에 아름다운 계절의 변화로 벅차오르기도 한다. 일상과는 다른 장소에서 느끼는 즐거움으로 몸은 피곤하더라도 '잘 쉬었다'라는 생각이 들게 한다.

웃고 감동 받고 신나하는 동안 현실 문제는 잠시 제쳐둘 수 있고 불편했던 상황도 잊을 수 있다. 영화도 여행도 게임도 그런 의미에서 체력과 정신이 소모되는 활동이지만, 지금 자신을 지치게 하는 문제로부터 잠시 떨어질 수 있다는 점에서 휴식의 기능을 하는 것이다.

쉼을 결정해야 하는 사람들

직장인들은 입버릇처럼 쉴 시간이 없다고 말하지만, 오히려 직장인들이 다른 노동 형태를 가진 사람들보다 휴식의 기회가 더 잘 보장된다.

직장인들은 원치 않는 출근을 해야 하지만 퇴근이 존재하며 법으로 정한 연차를 반드시 써야 하는 경우도 많다. 보장되지 않는 직장도 물론 있겠지만 점심시간이 존재해 일정 시간에는 밥을 먹을 수 있다.

그러나 자영업자나 프리랜서, 주부 등의 경우 휴식 시간을 스스로 계획하고 결정해야 하며 식사를 거르는 일도 흔하다. 대부분 공식적으로 주어진 휴식 없이 늘 노동의 연장선상에 있다.

학생의 경우 방학을 활용하고 직장인의 경우 연차와 주말 등의 휴식 시간을 활용해 몸과 마음을 효율적으로 충전할 수 있도록 계획하는 것이 중요하다. 그러나 쉼의 시간을 스스로 결정해야 하는 사람들은 반드시 별도로 쉬는 시간을 설정해 자신만을 위한 시간을 가져야 한다.

주거 공간이 가족을 위한 희생과 노력의 공간으로 인식된 주부는 다른 공간을 의도적으로 찾아야 할 것이며, 일한 만큼 돈을 벌고 밤낮과 주말의 구분이 없는 프리랜서의 경우에도 주 1회 혹은 최소한 2주에 하루는 직장인의 일요일처럼 일을 전혀 하지 않는

빈센트 반 고흐, 〈정오의 휴식〉, 1890

날을 설정해야만 일을 지속할 힘을 얻을 것이다.

자영업자의 경우 주 1회 휴일을 설정하면 좋겠지만, 사정상 그렇지 못할 경우 최소한 한 시간이라도 브레이크 타임을 설정해 잠시 숨 돌리는 시간을 가지는 것이 좋겠다. 장기적으로 지치지 않고 지속할 수 있는 힘을 유지하는 데 도움이 될 것이다.

농부는 휴식이 없는 대표적인 직업이다. 농작물은 주말과 공휴일에도 자라고 늘 물과 보살핌을 필요로 한다. 네덜란드의 후기 인상주의 화가 빈센트 반 고흐는 농부처럼 쉬지 않고 그림을 그렸다. 그는 그림 한 장을 그리기 시작해 끝날 때까지 아무것도 먹지 않았던 작가로도 잘 알려져 있다.

그런데 막상 그의 그림 속 사람들은 평화롭기만 하다. 〈정오의 휴식〉을 보면 농사를 짓다가 짚더미에 잠시 누워 잠을 자고 있는 부부의 모습이 그려져 있다. 짚더미의 그늘 아래 잠시 쉬어가는 농부들처럼 고흐 자신도 스스로를 위해 쉬어가는 시간을 가졌더라면 서른일곱 나이에 스스로 생을 마감하는 일은 없지 않았을까.

_____ 온전한 쉼의 시간을 갖는다는 것

앞서 쉼은 학습을 위한 촉매제이자 일상으로부터의 벗어남이라고 말한 바 있다. 그러나 뭔가를 하며 쉬는 것이 아닌 온전하게 모든 것을 멈추고 쉬는 것도 삶에서 반드시 필요하다.

일상은 늘 바쁘고 하고 싶은 것에 비해 시간은 없기에 쉬는 시간도 쫓기듯 하는 사람들이 많다. 특히 많은 업무량에 치이다가 겨우 쉬는 시간이 생긴 사람들의 경우 휴일을 쪼개고 쪼개 수많은 스케줄을 몰아넣기도 한다.

그렇게 바쁜 휴일을 보내고 나면 기분 전환은 되었을지언정 피곤은 축적될지 모른다. 우리의 뇌는 일하지 않고 멈춰있는 시간, 쉼을 위한 쉼의 시간으로 피로가 회복되는 경험을 하기 때문이다.

에드워드 오쿤, 〈창밖의 풍경〉, 1905

피어나는 모닥불을 아무 생각 없이 바라보는 불멍, 바다나 강 등을 바라보는 물멍, 숲에서 나무를 바라보는 숲멍 등 멍하니 뭔가를 바라보는 문화가 유행하고 있다.

신체 에너지의 20%를 소비하는 뇌는 계속 가동될 때 멈추길 바라고 뇌를 멈추지 않고 지치게 만든 사람들은 "제주도 한 달 살기 하고 싶다." "풍경 좋은 데 가서 1년만 쉬다 오고 싶다." 등의 바람을 말한다.

그러나 현실적으로 긴 시간의 휴가를 내지 못하는 사람들이 대부분이다. 장기 휴식을 대신해 그들의 뇌를 푹 쉬게 하는 효과적인 수단이 바로 뭔가를 바라보며 생각을 비우고 멍 때리는 행위인 것이다.

폴란드의 화가 에드워드 오쿤은 귀족 가문의 고아로 막대한 유산을 물려받은 후 뮌헨, 파리, 로마, 소렌토, 아말피, 카프리, 베니스, 파도바, 라벤나, 피렌체, 시에나 등 수많은 곳을 방문하며 그림을 그렸다.

바쁜 일정만큼이나 쉼이 필요했던 그의 마음은 〈창밖의 풍경〉에 고스란히 드러나 있다. 언뜻 보기에 창밖에는 빽빽한 집들밖에 없는 것 같지만 붉은 꽃이 아련하게 피어있다. 아마도 그는 열린 창으로 들어오는 바람을 느끼며 잠시 꽃을 멍하니 바라보는 시간을 가졌을지도 모르겠다.

거창한 곳에 방문하지 않아도 좋고 유명한 산과 바다에 가지 않아도 좋다. 모닥불이 없다면 작은 아로마 촛불도 좋고 숲이 없다면 창밖의 풍경이나 집안의 작은 화초도 좋다.

잠시 아무것도 하지 않는다고 죄를 짓는 것도 아니고 아무것도 하지 않는 그 시간 동안 도태되는 것도 아니다. 뇌가 아무것도 하지 않고 쉬는 시간, 그 값진 시간을 내게 선물해보자.

즐겁고 건강하게
잘 먹는다는 것

먹다

인간은 어느 순간부터인가 아침, 점심, 저녁의 하루 3회 식사를 하기 시작했다. 식사 이외에 간식을 먹기도 하고 식후에 커피나 음료수를 마시기도 한다. 잠이 들어야 할 시간에 야식 먹기를 선택하기도 한다.

음식을 구하는 것이 어려웠던 시기, 음식을 구해야 부족 구성원의 생존이 가능했던 시기에는 음식의 맛과 식감, 즐거움은 크게 중요한 사안이 아니었을 것이다.

그러나 언제든 마음껏 음식을 먹을 수 있는 지금, 현대인들은 단순히 허기를 없애기 위한 수단으로만 음식을 찾지 않는다.

음식에는 정신이 깃들어 있고 전통이 녹아들어 있으며 문화가 스며들어 있고 마음까지 담겨있다. 더 예쁜 음식을 더 예쁜 곳에서 먹고 싶기도 하고 같은 재료로 만들더라도 맛과 가격에서 엄청난 차이를 보이지만 그 차이에 소비자들은 지갑을 연다.

잘 먹고 잘 산다는 것은 뭘까. 무엇을 의미할까. 어떻게 먹어야 잘 먹는 걸까. 무엇을 먹어야 잘 먹는 걸까. 인간은 왜 식사를 하는 걸까.

살기 위한 식사

"왜 밥을 드세요?"라고 질문했을 때 가장 쉽게 들을 수 있는 대답은 "살려고요."일 것이다. 더 정확히는 식사로 에너지원을 공급받아 사용할 수 있는 형태인 ATP로 변환하기 위해서다. 이것이 이 세상에 존재하는 동물들이 식사를 하는 이유일 테다.

지갑에 아무리 돈이 많아도 또 좋은 직업을 가지고 있어도 사람은 배고플 때 음식을 먹는다. 배가 고프기 때문에 또 비워진 배를 채우기 위해 식사를 하는 것이다.

좋아하는 음식을 먹는 것이 좋은 식사의 조건이지도 않다. 맛있지만 균형 잡히지 않은 식사는 건강을 해칠 수 있다. 때로는 영양소를 생각해 입에 맞지 않는 음식을 먹어야 한다.

〈진주 귀걸이를 한 소녀〉로 잘 알려진 요하네스 베르메르는 바로크 시대에 활동한 대표적인 네덜란드 화가다. 그의 또 다른 대표작 〈우유를 따르는 여인〉을 보면 창밖에서 들어오는 아침 햇살을 받으며 우유를 따르는 하녀가 있다.

하녀는 곧 우유를 식탁에 올릴 것이다. 값싸지만 좋은 영양가를 공급해줄 수 있다는 이유로 우유는 많은 지역에서 성장기 아이들이 필수로 먹어야 할 음식 중 하나로 지정되기도 했다.

비타민 섭취를 위해 과일과 채소를 먹고 단백질 섭취를 위해 콩과 고기를 먹는 것처럼 음식의 영양소도 식사에 있어서 중요한 요소다.

요하네스 베르메르,
〈우유를 따르는 여인〉, 1660

어릴 때는 부모님이 식단을 책임졌다. 그렇기에 신경 쓰지 않아도 영양소는 적당히 채워졌다. 그러나 자신의 식단을 스스로 챙기기 시작하면서부터 잘 챙겨 먹지 않으면 안 된다는 것을 깨닫는다. 어릴 적 부모님이 자녀의 식단 균형을 위해 얼마나 신경 썼는지도 나이가 들면서 깨닫는다.

즐거움을 위한 식사

식사의 두 번째 이유는 '즐거움'이다. 아무리 좋아하는 음식도 점심에 먹고 저녁에 먹고 다음 날 또 먹기를 반복하면 지겹다. 손이 잘 가지 않는다. 음식이 식어도 그렇다. 같은 치킨이라도 눅눅해진 이후에는 맛이 현저히 떨어져 손이 잘 가지 않는다.

눅눅해져도 영양소에는 차이가 없지만 먹는 즐거움에 위배되기에 거부하는 것이다. 식사를 마쳐 영양소가 충분하더라도 사람들은 입 안에서의 행복감을 위해 간식이나 디저트를 찾는다.

즐거움을 위한 식사는 식사의 맛과 식감뿐만 아니라 플레이팅, 인테리어, 음악 등 식사의 다양한 요소들을 함께 발전시켰다.

이탈리아의 화가 빈센초 캄피의 그림에는 음식이 자주 등장한다. 그는 음식을 파는 시장, 음식을 만드는 주방, 식사하는 모습들을 자주 그렸다.

빈센초 캄피, 〈리코타 치즈를 먹는 사람들〉, 1580

〈리코타 치즈를 먹는 사람들〉에는 리코타 치즈를 큰 주걱으로 번갈아 먹고 있는 남녀 네 명이 그려져 있다. 막 만들어낸 치즈를 입에 넣으며 만족감을 숨기지 못하는 이들은 리코타 치즈의 식감과 풍미의 매력에 푹 빠진 듯하다.

아주 조금의 소금, 설탕, 향신료만으로도 음식의 맛이 크게 변하고 굽기, 찌기, 삶기의 정도에 따라서도 맛이 완전히 달라진다. 배부름을 쉽게 접하기 시작한 사람들은 더 나은 경험적인 가치로서의 음식을 찾기 시작했다.

PS 크뢰이어, 〈힙! 힙! 호레이!〉, 1888

_____ 함께하기 위한 식사

혼밥은 먹고 싶은 음식을 자신만의 템포로 먹을 수 있다는 장점
이 있다. 불편한 사람과 먹는 것보다 혼자 먹는 것이 훨씬 편하고
좋다. 그러나 좋아하는 이와의 식사 자리에는 자리를 빛내주는 뭔
가가 있다.

페데르 세베린 크뢰이어는 덴마크의 화가로 '빛의 화가'라는 별

명을 가지고 있다. 인상주의자들이 행한 빛의 표현에 관심이 많았던 그는 덴마크 스카겐에서 아름다운 자연 풍경과 사람들의 모습을 캔버스에 남겼다.

〈힙! 힙! 호레이!〉는 스카겐에서 열린 파티를 즐기고 있는 화가들의 모습을 담고 있다. 건배하는 사람, 아이를 챙기는 엄마, 행복해 보이는 남편과 그런 남편을 바라보는 아내 등 편안하고 유쾌한 분위기가 일품이다. 동료, 그리고 가족과 함께하기에 음식도 더 맛있고 자리가 더 즐겁다.

맛있는 음식을 보면서 누군가를 떠올린 경험이 있다면 아마 그는 함께했을 때 행복감을 주는 사람일 것이다. 식사를 하며 함께 대화하고 웃을 수 있는 사람은 삶을 풍요롭게 만든다. 마음 맞는 이와 함께 시간을 보낼 때 가장 먼저 하는 것이 식사인 이유는 식사가 그만큼 많은 부분을 공유하고 사적인 모습을 보여주는 자리이기 때문일 것이다.

다이어트를 위한 식사

지구상의 동물 중 인간만 유일하게 하는 식사 종류가 있다. 바로 살을 빼기 위한 다이어트 식사다.

살기 위해 음식을 먹던 DNA는 그대로 보존되고 있는데 움직임

월 코튼, 〈아이스크림 동굴〉, 2003

은 줄어들고 음식 섭취는 많아진 현대인들은 늘어난 체중을 줄이기 위해 식이조절을 한다. 체중이 적어도 더 낮은 몸무게를 위해 혹은 유지하기 위해 식이조절을 하기도 한다.

　미국의 화가 월 코튼은 달콤한 음식과 날씬한 여성들을 즐겨 그린다. 더 이상 먹을 것이 부족한 시대가 아닌 지금, 〈아이스크림 동굴〉 속 여성은 쌓여있는 아이스크림 앞에 무기력하게 앉아있다. 먹고 싶은 욕망과 살이 찔 것 같은 죄책감 사이에서 갈등하는 사이, 아이스크림은 녹아내리고 있다.

먹어도 되는 걸까, 먹으면 살이 찌진 않을까. 먹는다는 행위가 언제부터 죄책감을 느끼게 하는 행동이 되었을까.

아침에 거울을 보는 그 순간 자신의 모습이 어떤가에 따라 그날 하루의 기분이 좌지우지되는 경험은 많은 이에게 공감받는다.

어느 날은 피부도 평소보다 좋아 보이고 얼굴도 또렷해 보인다. 그러나 전날 밤에 배고픔을 이기지 못하고 야식을 꾸역꾸역 밀어 넣은 날에는 얼굴은 붓고 볼품도 없어 보인다. 어떻게든 기분 전환을 위해 아껴뒀던 옷도 입어보지만 이미 못나 보인 자신이 사라지지 않는다. 그런 날이면 사람들이 많은 곳에 가고 싶지 않고 주눅도 든다.

당연한 말이지만 불과 며칠 사이에 체중이 크게 바뀌는 일은 없다. 가족이나 가까운 지인에게 "나 오늘 좀 살쪄 보이지 않아?"라고 물어봐도 돌아오는 대답은 "잘 모르겠다."라는 말뿐이다. 비슷한 체중에 같은 외모일 텐데 그날 어떻게 보였는지에 따라 기분이 달라지고 스스로에 대한 평가가 달라지는 것이다.

여성의 가치가 허리 사이즈나 옷 사이즈에 따라 달라지는 것이 드문 일은 아니다. 키와 골격에 상관 없이 44 사이즈를 입는 여성이 55 사이즈, 66 사이즈를 입는 여성보다 우월한 가치를 가진 것처럼 여겨지는 일은 흔하다.

하여 일부 여성들은 꿈꾸는 허리 사이즈나 옷 사이즈에 자신을 맞추고자 극단적인 다이어트를 시도하기도 한다. 단순한 음식 조절이 아닌 절식에 가까운 식단 조질이나 극도로 제한적인 연예인 식단 등을 무리해서 따라 하다가 엄청난 스트레스와 심리적 반동 때문에 오히려 폭식으로 이어지기도 한다.

'남들 다 하는 다이어트 나도 해야지' 하며 다이어트를 하겠다고 결심만 세우고 제대로 실행에 옮기지 못하는 자신에게 화가 나다가 결국 음식으로 달랜다. 그런 자신에게 또다시 스트레스를 받는다.

_____ 감정적인 식사

인간은 소속의 욕구, 인정의 욕구, 사랑의 욕구, 자기실현의 욕구 등 다양한 욕구를 가지고 살아간다. 그런데 대부분의 욕구는 쉽게 채워지지 못한다. 채워지는 데 오랜 시간이 걸리기도 한다.

이때 일부 사람들은 비어있는 욕구를 쉽고 편하게 채울 수 있는 식욕으로 바꿔 채우려고 시도한다. 그래서 불만족스러울 때마다 음식으로 자신을 채운다. 그러나 실제로 원했던 것은 음식이 아니었기에 먹어도 먹어도 채워지지 않고 또 먹고 나서도 허하다.

먹는다는 것은 즐겁고 행복한 일이었는데, 식사를 조절하는 과정에서 폭식하기도 하고 먹고 나서 후회의 감정이 뒤따르기도 한다. 먹으면서 불행해지는 식사를 하고 있다면 분명 잘못된 방식일 것이다.

음식에는 감정이 담겨있지 않다. 음식은 무서운 것도 아니고 나쁜 것도 아니다. 음식은 나의 몸과 정신을 함께 채워주는 즐겁고 유쾌한 것이어야 한다. 나는 요즘 어떤 식사를 하고 있는가. 나는 누구와 함께 식사 시간을 보내고 있는가. 나는 즐겁고 건강하게 잘 먹고 있는가. 배가 고플 때 좋아하는 음식을 좋아하는 사람과 즐겁게 먹는다면 음식은 자신의 역할을 충분히 한 것이다. 그렇게 먹고 있다면 나는 충분히 '잘' 먹고 있는 것이다.

생각과 행동을
뒤흔드는 글의 힘

읽다

눈이 글자를 만나면 자동으로 읽는 행위가 시작되고 그다음으로 생각하는 행위가 시작된다. 생각은 행동으로 연결되고 행동은 곧 그 사람이 어떤지 보여준다. 즉 무엇을 읽는가에 따라 어떤 사람인지 결정되는 것이다.

어렸을 때는 책 읽는 일이 지금보다 훨씬 더 잦았다. 교과서를 의무적으로 읽어야 했고 어린이 또는 청소년 필독 도서를 읽어야 했다. 그러나 성인이 되고 나서 대학 시절에 봤던 교재 이외에 책을 읽은 기억이 별로 없다는 사람이 많다.

성인이 되고 나서 접하는 책은 자신의 선택인 경우가 대부분이다. 유행한다기에 관심이 생겨 볼 수도 있고 필요에 의해 검색해서 볼 수도 있다. 서점에서 책을 훑어보다가 마음에 와닿아 구입하는 경우도 있다. 그렇기에 성인이 된 후 읽는 글은 자신의 방향성과 소망이 담긴 자신을 위한 글인 것이다.

최근에 읽은 글을 떠올려보자. 기억에 남는 문구가 있다면 현재 상황이나 생각에 맞닿아 있을 확률이 높다. 글을 읽으며 했던 생각은 휘발되기 쉽다. 그러므로 자신만의 노트에 글귀들을 적어놓는 것도 글을 읽고 소화시키는 하나의 방법이 될 것이다.

_____ 책이 가지는 힘

책에는 글쓴이의 무수한 생각이 담겨있다. 그렇기에 직접 만나지 않아도 저자는 책을 통해 독자를 만나고 읽는 이의 마음을 움직이는 힘을 발휘한다. 책을 아는 자가 곧 사람의 마음을 움직일 수 있는 자라는 의미이기도 하다.

사람을 움직이는 것이야말로 가장 어려우면서도 큰 일이다. 이 힘이 커다란 단위로 이뤄지면 정치라는 이름을 가진다. 책이 사람을 움직일 수 있다는 것, 이 힘을 누구보다 잘 알고 또 그렇기에 책을 사랑할 수밖에 없었던 사람이 바로 〈퐁파두르 후작 부인〉의 주인공 퐁파두르 부인이다.

프랑수아 부셰,
〈퐁파두르 후작 부인〉, 1756

　이 그림을 그린 프랑수아 부셰는 로코코 미술을 대표하는 프랑
스 화가다.

　로코코 미술은 왕실 귀족들의 모습을 주로 담은 미술 사조로 그
림의 의뢰자는 대부분 귀족 부인이었다. 루이 14세의 사망 후 부
흥한 사조로 강한 왕권에 눌려있던 귀족들이 루이 14세의 사망과
함께 사치와 향락을 일삼았던 시기에 유행했다. 1789년 프랑스
혁명이 일어나기 전까지 존재했고 프랑스 혁명과 함께 역사 속으
로 사라진 사조이기도 하다.

　퐁파두르 부인은 루이 15세의 정부 중 하나였다. 평민 출신이었
지만 루이 15세의 눈에 들어 공식 정부가 되었다. 그녀는 '퐁파두

르 부인 살롱'을 열어 당대의 사상가와 문학가가 모이는 지적 사교의 장을 만들기도 했다.

그렇기에 그녀는 비록 왕의 정부지만 혁명 사상을 널리 퍼트리는 데 기여한 바로 프랑스 혁명의 숨은 후원가라 불리기도 한다.

볼테르, 몽테스키외 등의 문학가들도 퐁파두르 부인 살롱에 자주 드나들었다. 왕의 애정이 사라지면 없어져버릴지도 모르는 정부라는 위태로운 자리를 퐁파두르 부인은 지식으로 채워나갔다. 지식의 힘을 누구보다 잘 알고 있던 그녀는 루이 15세가 죽을 때까지 왕의 곁을 지킬 수 있었다.

_____ **책 읽는 여자는 위험하다**

퐁파두르 부인이 지식의 힘을 알고 있던 것처럼, 책을 읽는다는 것이 단순히 글자를 눈으로 담는 것뿐만 아니라 글에 담긴 사상과 의도까지 함께 담는 거라는 사실은 과거의 사람들이 더 잘 알고 있었다. 그렇기에 지배층은 피지배층이 글을 깨우치고 책을 가까이하는 것을 두려워했다.

프랑스의 철학자 알베르 카뮈는 "책은 내 마음속 언 바다를 깨는 도끼와 같다."라고 말한 바 있다. 책이 인간의 의식을 깨우는 도구라는 것을 잘 알고 있었기에 과거부터 여성의 책 읽는 행위를

피터 얀세스 에링가,
〈책 읽는 여인〉, 1670

금하는 사회가 많았다.

과거에는 경험해야만 알 수 있던 이야기들을 책이라는 저장소에 기록했고 과거의 사람들은 상상도 못했던 일들을 책의 기록으로 현재에 적용할 수 있게 되었다. 그렇기에 책은 새로운 지혜를 접할 수 있는 통로였다.

이런 혜택을 소수의 권위자들만 누리길 바란 것은 당연하고 자연스러운 일이었다. 알베르토 망구엘의 『독서의 역사』에는 과거 노예에게 금기되었던 책 읽기에 대한 자세한 기록이 수놓아져 있다. 아프리카 출신 노예들에게도 책 읽기가 금지되었지만 그들은 목숨 걸고 책 읽기에 도전했다.

과거에 노예였던 벨 마이어스 캐로터스는 1930년대에 알파벳 블록을 가지고 놀던 주인의 아기를 돌보며 글자를 익혔는데, 그가 글을 익혔다는 사실을 안 주인이 구둣발로 그를 구타했다.

노예 출신임을 밝힌 독 데이얼 다우디는 "글을 읽거나 쓰다가 걸리기라도 하면 처음에는 소가죽 채찍이지만 두 번째에는 끝에 매듭을 단 아홉 가닥 줄의 채찍이 떨어졌고 세 번째에는 집게손가락 첫 마디를 잘랐다."라고 회고했다. 미국 남부 전역에서 노예가 다른 노예에게 글쓰기를 가르치려다 들키면 플랜테이션 소유자들에게 교수형을 당했다.

노예에게 있어 글을 배우는 것은 그들을 짓누르는 막강한 도구인 책에 접근하는 방법이었다. 노예 소유자들은 문자의 힘을 절대적으로 맹신했다. 그들은 글이야말로 몇 단어만 알면 금방 맞서기 어려운 힘이 된다는 사실을 그 누구보다 잘 알고 있었다.

피터 얀세스 에링가의 〈책 읽는 여인〉에는 신발을 아무렇게 던진 채 책 읽기에 몰입하고 있는 하녀의 모습이 그려져 있다. 읽고 싶은 책을 빨리 읽고 주인님이 보시기 전에 다시 일하러 돌아가야 하는 긴장감도 함께 느껴진다.

그럼에도 책을 비춰주는 하얀 빛줄기와 하녀의 머리를 감싸고 있는 하얀 수건이 너무나 고요하고 아름답다. 책 읽는 행위가 주는 신성함과 위대함이 너무나 잘 드러나 있는 그림이다.

책 속에서 펼쳐지는 환상

재밌고 마음을 울리는 책은 강렬한 몰입감을 제공해 책 속으로 빨려 들어가는 경험을 준다. 글을 읽고 있는 도중에는 다른 것들은 우선순위에서 밀리고 책 속에 펼쳐지는 이야기들이 가장 강렬한 자극으로 다가온다.

다양한 미디어 아트와 영상 예술품들이 문학과 함께하면서 책 속에선 상상으로만 떠올렸던 시각적 표현들을 실제로 관람할 수 있게 되었다. 그러나 원서의 아름다움을 따라가진 못한다.

인간의 머릿속에서 펼쳐지는 상상의 이미지들과 개인마다 다르게 떠올린 이미지들이 영상보다 훨씬 더 큰 힘을 발휘하기 때문이다. 글을 읽어 내려가며 만들어내는 환상은 그 어떤 이미지보다 강력하다.

삶의 질을 높이기 위해 필요한 것은 다양하다. 당장 자신의 외부적인 환경을 향상시키면 삶의 질이 높아질 것이다. 좋은 동네에 살고 좋은 집에 살며 좋은 직장에 다니면 만족감이 상당히 향상되기 때문이다. 그러나 삶의 질을 결정하는 것은 인생을 바라보는 태도, 신념, 즉 한 개인의 생각이다. 생각은 감정을 결정하고 감정은 결국 삶의 질과 직접적으로 연관이 있기 때문이다.

책을 읽음으로써 생각의 깊이를 쌓고 타인이 흘려보낼 수 있는 기회를 잡고 저자의 생각과 자신의 생각을 비교하며 사고를 확장

프란츠 아이블,
〈책 읽는 소녀〉, 1850

해 나간다. 아주 좁은 공간에서도 빛과 눈만 있다면 생각을 무한히 확장해 나갈 수 있는 것이 책 읽기의 힘이다.

_____ 책, 그리고 꿈

프랑스의 인상주의 화가 오귀스트 르누아르는 '행복을 그린 작가'라는 별명을 가지고 있다. 일평생 단 한 번도 비극을 그리지 않

오귀스트 르누아르,
〈클로드 모네〉, 1872

았으며 그림에 행복한 모습만 담는다는 철칙이 있었다. 또한 그는
아름다운 사람, 아기, 동물과 같은 대상을 즐겨 그렸는데 모두 비
판 없이 감상할 수 있는 대상이었다.

　〈클로드 모네〉의 주인공은 제목처럼 책을 읽고 있는 클로드 모
네다. 행복을 그리는 화가 르누아르에게 '책 읽는 행위'는 행복한
모습이었던 것이다.

　모네와 르누아르는 함께 그림을 그리면서 꿈을 공유하던 친구

사이였다. 당시 르누아르는 경제적으로 어려워 동료 작가 프레데리크 바지유의 작업실에 모네와 함께 얹혀살았지만, 행복을 그렸고 꿈을 꿨다. 그리고 그 이야기는 그들이 함께 읽은 책 속에, 함께 나눈 이야기 속에 존재했다.

르누아르의 그림 속 인물들은 책이나 신문 등 글을 읽고 있는 모습으로 자주 등장한다. 그에게 독서는 활자를 눈으로 읽는 행위를 넘어서 활자가 마음에 들어와 독자에게 울림을 주는 과정이었다. 르누아르가 책 읽는 사람이 행복한 사람이라 정의 내렸기에 그런 이를 바라보는 화가 자신도 행복하다고 판단했던 것이다.

좋아하는 사람과 같은 책을 읽으며 의미를 공유해본 이라면 책이 둘 사이의 생각을 얼마나 확장시켜주는지 잘 알 것이다. 책은 사고와 꿈과 미래의 모습을 구체적으로 그려나가는 데 큰 도움이 된다. 구체적인 모습의 꿈이 실현될 가능성은 훨씬 높아진다.

대부분의 인상주의 작가들이 자신의 작품이 인정받는 모습을 보지 못하고 눈을 감았지만, 르누아르와 모네는 자신의 작품은 물론 동료들의 작품이 사랑받는 모습까지 모두 보고 눈을 감았다.

책이 품고 있는 글의 힘을 믿었고, 글이 만들어가는 행복의 모습을 구체적으로 그렸으며, 멈추지 않았던 작가가 만날 수밖에 없는 해피엔딩이었다.

4부

성숙한 삶을 위해
실천해야 하는 것들

내면의 힘으로 삶을 가득 채우기

마이너스의 감정이
플러스가 될 때까지

회복탄력성

폴리우레탄으로 만든 완충재 메모리 폼 베개가 처음 출시되었을 때 인기가 엄청났다. 목의 굴곡에 따라 가해지는 압력을 균일하게 분산시켜주고 원형으로 복원되는 성질이 있어서 목을 보호해주고 숙면에도 도움을 주는 제품이었기 때문이다.

비싼 라텍스에 비해 가격경쟁력도 있었다. 무엇보다 외부의 압력이 가해졌는데 다시 원래대로 돌아온다는 것, 그게 상당히 매력적이었다.

사람의 마음에도 제자리로 돌아오려는 힘이 존재한다. 인간의 몸 자체가 항상성을 추구하며 태어난 것처럼 마음 역시 일정 수준의 상태를 유지하려는 본능이 존재한다. 그렇기에 상처 입고 좌절하고 실망하더라도 다시 일어나 일상생활을 영위할 수 있는 것이다. 이 힘을 '회복탄력성'이라고 한다.

고난을 만난 후

일, 인간관계, 사랑에서 실패했을 때 혹은 사고를 당하거나 금전적으로 큰 손실을 입었을 때, 큰 어려움에 봉착한다. 때로는 너무나 절망적이어서 회복이 불가능해 보이기도 한다. 그러나 큰일을 겪은 이후의 결과는 사람마다 다르다.

가장 좋지 않은 경우는 상황을 극복하지 못하고 더욱 큰 절망의 늪으로 빠져버리는 것이다. 감정은 흘러가고 머무르는 것이 아님에도 불구하고 부정적인 감정에 잠식되어 인생의 고난을 만난 순간보다 더 깊은 수렁으로 빠져버리기도 한다.

러시아의 화가 마리 바시키르체프가 그린 〈절망〉을 보면 머리를 움켜쥐고 테이블에 앉아있는 한 여성이 있다. 바시키르체프는 특출난 재능을 가지고 화가로서 이름이 알려지길 바랐지만, 결국 스물다섯 살 나이에 결핵으로 건강을 잃으면서 예술과 삶을 포함한 모든 것을 포기하고 만다.

최악보다 그나마 나은 것은 마이너스의 감정에 머무르는 것이

마리 바시키르체프, 〈절망〉, 1882

다. 한 번 일어난 나쁜 일이 자신에게 다시 일어난다는 보장도 없으며, 한 번 낮아진 자존감은 다른 새로운 일이나 관계에 도전하는 것을 어렵게 만드는 족쇄로 작용한다.

일반적으로 기대하는 수준은 고난을 만나기 이전의 상황으로 돌아가는 것이다.

회복탄력성을 이용해 마이너스의 상황에서 벗어나 다시 0이 된다면 이전의 좋지 않았던 상황이 없었던 것처럼 일상을 영위할 수 있을 것이다.

핸드폰을 잃어버렸을 때 자료와 사진과 연락처 등을 함께 잃어버렸다는 스트레스가 엄청날 테지만, 사람들의 연락처를 다시 저장하고 클라우드에서 일부 사진들을 찾으며 새 핸드폰에 적응하다 보면 핸드폰을 잃어버린 것으로부터 왔던 부정적인 감정을 없앨 수 있는 것처럼 말이다.

소수의 사람은 고난을 만난 후 오히려 플러스가 되는 선택을 하기도 한다. 역경을 긍정적으로 받아들이고 극복한 후 도약의 기회로 삼는 것이다.

독일의 작가 오토 딕스는 1914년부터 1917년까지 제1차 세계대전에 참전하며 겪었던 외상 후 스트레스 장애(PTSD)를 예술로 기록해 나갔다. 자신의 전쟁 체험에 입각해 작품 활동을 해 나간 그는 사회의 부정, 퇴폐, 암흑 속에서 꿈틀거리는 인간의 추악함을 낱낱이 드러냈다. 하여 신즉물주의의 대표 작가로 자리매김할 수 있었다.

사업 과정에서 만난 어려운 상황이 그동안 놓쳤던 부분들을 보충하고 개선안을 도출하며 더욱 단단한 사업채로 성장하는 밑거름으로 작용하기도 하고 부부 사이의 이혼 위기가 둘 사이를 더욱 돈독하게 만들기도 한다.

사람으로부터 상처받은 마음이 자신을 지키는 힘을 키워주고 시야를 넓힐 수 있는 계기를 만들어주기도 하는 것이다.

회복탄력성은 타고나는 걸까

누구는 시련을 겪어도 툭툭 털고 잘만 일어나는데, 누구는 한 번 어려움에 마주하면 쉽게 극복해내지 못한다. 남들보다 회복탄력성이 낮은 사람의 경우, 이전에도 쉽게 이겨내지 못했던 경험이 축적되었기에 부정적인 감정에 빠져드는 것 자체가 공포스럽게 느껴지기도 하는 것이다.

그러나 회복탄력성은 후천적으로도 학습이 가능하다. 심리학자 에미 워너는 체계적인 노력과 훈련으로 회복탄력성을 성장시킬 수 있다고 말했다. 여기에서 중요한 역할을 한 것은 유의미한 인물로부터 받은 헌신적 사랑과 신뢰였다.

워너 박사는 1954년, 하와이 카우아이섬에서 추적 연구를 실시했다. 극단적으로 열악한 환경에서 자라는 신생아부터 18세까지를 추적한 것이다.

환경 조건의 불리함에도 불구하고 우수한 성적과 진취적인 성장을 해 나가는 아이들에게 주어진 것은 '역경을 성숙한 경험으로 바꾸는 능력 또는 곤란에 직면했을 때 극복하고 환경에 적응해 정신적으로 성장하는 능력'이었다. 워너 박사는 이 힘에 회복탄력성이라는 이름을 붙였다.

회복탄력성이 높은 사람은 같은 상황도 다르게 볼 수 있는 능력이 있다. 벨기에의 초현실주의 작가 르네 마그리트가 그린 〈헤겔의

르네 마그리트, 〈헤겔의 휴일〉, 1958

휴일〉을 보면 우산의 꼭지 대신 물컵이 그려져 있다. 물을 막아야 하는 존재인 우산 위에 물이 담긴 컵이라니. 이 그림을 봤을 때 어떤 생각이 드는가. 그림은 어떤 상황을 그린 걸까.

어쩌면 하늘에서 물방울이 하나 떨어졌을 뿐인데 소나기를 걱정해 장우산을 들고 나왔을 수도 있다. 대비하는 것은 좋은데 너무 커서 들고 다니기엔 버겁고 거추장스러운 우산이 되어버렸다.

무조건 나쁜 것에서 벗어나려는 시도가 과유불급일 수도 있다. 과하게 불안해하지 않고 적절하게 긴장감을 대처하는 것, 좋은 회복탄력성이라는 중용도 필요하다.

좋은 회복탄력성을 지닌 인물로 미국의 전 대통령 버락 오바마가 잘 알려져 있다. 케냐 출신의 흑인 아버지와 백인 어머니는 그가 두 살 때 이혼했고 인도네시아에서 어린 시절을 보낸 후 외가에서 청소년 시절을 보냈다. 일반적인 성격 발달을 고려했을 때 안정적인 환경은 아니었다. 그러나 그에겐 그를 세심히 배려해준 외할머니가 있었고 현명한 어머니와 자신감을 심어주는 새아버지도 있었다.

오바마 전 대통령의 사례는 가족이 주는 신뢰와 헌신의 중요성을 알려준다. 그러나 가족이 아닌 가까운 친구나 연인 등 유의미한 존재의 믿음 역시 역경을 성숙한 경험으로 바꾸는 회복탄력성의 성장에 큰 도움이 된다.

좋은 관계가 만들어주는 성장력

회복탄력성을 측정하는 척도 KRQ-53에는 세 가지 요소가 있다. 첫 번째가 자기조절 능력(감정조절력, 충동통제력, 원인분석력), 두 번째가 대인관계 능력(소통력, 공감력, 자아확장력), 세 번째가 긍정성(자아낙관성, 생활만족도, 감사하기)이다.

나를 얼마나 조절할 수 있는가, 타인과 얼마나 잘 소통하는가, 나에 대해 얼마나 긍정적으로 바라볼 수 있는가. 세 가지 모두 '긍정'이라는 핵심 키워드를 중심으로 만들어진다.

긍정적인 사람들은 새로운 것을 추구할 확률이 높다. 새로운 기회를 접할 확률을 높여주는 것이다. 새로운 것에는 실수가 따를 수 있지만 회복탄력성이 높은 사람은 실수를 민감하게 알아내는 능력이 있다. 또한 실수에 대한 피드백을 수용하는 능력도 높다.

스웨덴의 국민화가 칼 라르손은 가족을 주제로 많은 작품을 남겼다. 〈큰 나무 아래에서의 아침 식사〉에도 나무 아래에서 식사하고 있는 가족의 모습이 묘사되어 있다.

조부모, 부모, 여러 형제자매와 함께 식사하고 생활하며 자연스럽게 회복탄력성을 성장시켰을 과거에 비해 지금은 상대적으로 가족의 규모는 작고 가족과 함께하는 시간은 적다. 그렇기에 현대인들은 가족 이외의 사람들과도 좋은 관계를 형성하고 성장해 나가는 경향이 있다.

모든 이가 가족에게서 신뢰와 지지를 얻는 것은 아니다. 누군가에게 가족은 끔찍한 악연이고 고통일 수도 있고, 누군가에게 가족은 연중행사 때 한 번씩 얼굴을 비춰야 하는 의무적인 관계에 불과할 수도 있다.

내게 좋은 관계로 존재하는 이가 누구인지 생각해보자. 나는 누구를 통해 성장하고 위로받고 있는가. 혹시 '불편하다' '상처받고 싶지 않다' 같은 이유로 타인을 마음속에 들이지 않는 벽을 만들고 있진 않았는가.

좋은 대인관계가 높은 회복탄력성을 만들어준다는 사실은 시사하는 바가 크다. 나를 이해해주고 지지해주는 사람이 존재하는 것만으로도 삶을 포기하지 않고 다시 일어날 수 있다는 뜻이기 때문이다. 반대로 생각하면 내가 누군가에게 그런 존재가 된다면 그 또한 무너졌을 때 다름 아닌 나 덕분에 다시 일어날 용기를 가질

칼 라르손, 〈큰 나무 아래에서의 아침 식사〉, 1895

수 있다는 뜻이다.

힘들다는 생각이 들 때, 웬만한 성인은 꿋꿋하게 참고 이겨내는 것이 성숙하다고 생각한다. 그러나 회복탄력성의 구성에서 30%를 차지하는 것이 인간관계임을 떠올려 본다면 다시 일어나는 힘을 혼자서만 짜낼 필요는 없다.

혼자서 감내하는 것은 외롭고 힘든 일이다. 나를 믿고 이해해주는 이가 있다면, 지금의 힘든 마음을 터놓으며 건강한 회복탄력성을 성장시킬 수도 있을 것이다. 그리고 인간관계는 일방적인 도움으로 이뤄지지 않는다. 나 역시 누군가의 회복탄력성을 키워줄 수 있다는 사실도 기억해야 할 것이다.

평범한 날에 부여된
특별한 의미

기념일

대부분의 사람은 자신의 생일을 알고 있다. 어떤 형태가 되었든 그 날을 기념하려고 한다. '기념(紀念)'은 뜻깊은 대상을 오래도록 잊지 않고 마음에 간직한다는 의미다. 남들에겐 의미 없는 날일지라도 내가 세상에 태어난 날이기에 의식해 기념하는 것이다.

누구는 많은 이와 함께 생일을 축하하고 누구는 스스로에게 술 한 잔 건네며 생일을 기념하기도 한다.

특정 종교인들은 그 어떤 형태의 기념일도 지키지 않지만, 그런 경우를 제외하곤 형태는 다를지언정 세상에 태어난 유일한 날을 되짚는다.

기념일은 수없이 많이 존재한다. 독립을 위해 운동을 벌이고, 나라가 독립하고, 전쟁을 치르고, 위대한 성인이 태어나거나 죽고, 법이 만들어지는 등 기념일을 일상 속에서 지속적으로 접하며 살아왔다.

이처럼 많은 이에게 알려져 있는 공적인 기념일도 있지만, 창립기념일이나 개교기념일을 10년, 20년 단위로 세면서 존속함을 축하하기도 한다.

_____ 00:00의 마법

영국의 화가 윌리엄 터너는 배경으로만 존재했던 풍경화를 주인공이자 하나의 장르로 자리 잡게 한 위대한 화가다. 정제되지 않은 거친 붓 터치로 자연을 담은 그의 작품 〈노엄 성, 일출〉에 푸른 새벽빛을 뚫고 떠오르는 아침 해가 그려져 있다.

또렷이 보이는 동그란 해가 아닌 대기 속에 묻어져 녹아있는 해는 터너가 죽기 6년 전 떠올린, 그에겐 의미있는 하루의 시작을 알리는 일출이었을 것이다.

새해가 밝으면 한 해의 계획을 세우곤 한다. 올해는 기필코 이루고 싶은 소망들을 말하며 변화한 모습을 기대하는 일은 누구에게나 한 번쯤 있었던 일일 것이다.

윌리엄 터너, 〈노엄 성, 일출〉, 1845

그러나 23시 59분의 나와 1분 후의 나는 사실상 아무런 차이도 없다. '새해'는 우리가 정한 시간의 관념에서 비롯된 것이지 물리적으로 새로운 사람이 되는 어떤 조건도 제공해주지 않는다.

그러나 그 심리적인 선은 많은 것을 바꾸는 힘이 있다. 새해는 새롭게 시작하는 날이라고 정해놨기에 이전까지 잘되지 않던 것들을 훌훌 털어버리고 앞으로 나아갈 수 있는 희망이 느껴진다.

12월 31일의 일출과 1월 1일의 일출이 동일하다는 것은 모두가 잘 알고 있다. 심지어 해가 떠오르는 것이 아니라 지구가 돌면서 해가 보여지는 것뿐이라는 사실도 잘 알고 있다.

그럼에도 1월 1일의 해는 특별하다. 단순히 하루가 아니라 1년을 새롭게 맞이하게 한다. 그렇기에 일출 명소에 인파가 몰려 해를 보는 것조차 어렵지 않은가.

기념일에 부여한 의미가 가지는 힘이다.

내게만 소중한, 특별한 날

새해나 어버이날, 스승의 날, 제헌절, 광복절처럼 누구나 잘 알고 있는 기념일도 존재하지만 한 개인에게만 의미 있는 기념일도 존재한다.

대표적인 날이 생일이다. 생일은 한 개인이 세상에 태어난 날, 그리고 매년 돌아오는 그날이다. 어머니의 몸 안에서 존재하던 생명체가 세상의 빛을 보게 된 첫날을 매년 기억하는 것이다.

삶이 고통스럽고 세상에 자신을 피투(彼投)시킨 부모가 원망스러운 사람들은 생일 따위는 의미 없다고 생각하기도 한다. 그러나 그 역시 자신이 태어난 날을 분명하게 의식해 언급하고 있다.

빛의 마법사라 불리는 화가 마르크 샤갈은 운명의 여인 벨라 로젠벨트와 불같은 사랑에 빠지고 몇 년간의 연애 끝에 결혼에 성공한다. 〈생일〉은 샤갈이 결혼하기 얼마 전 맞이한 그의 생일을 형상화한 그림이다. 방문을 열고 들어가니 사랑하는 벨라가 꽃다발

마르크 샤갈, 〈생일〉, 1915

을 들고 있는 모습을 본다. 그녀에게 달려가 키스하는 샤갈의 행복한 감정을 둥실 떠오르는 몸으로 표현했다.

생일, 연인과의 기념일, 결혼기념일 등 개인에게만 주어진 특별한 날은 그날을 평소와 전혀 다르게 인식하도록 한다. 생일이기에 주변 사람들로부터 축하와 선물을 받기도 하고 의미 있는 사람과 평소보다 더 친밀한 시간을 보내기도 한다.

일상의 날들 중 하나인 하루가 나만을 위한 특별한 시간이 되는 것 역시 우리가 관념적으로 설정했기 때문이다.

태어난 날이라고 해서 생물학적으로 내가 특별해지는 것은 아니다. 그러나 생일임에도 야근을 하거나, 생일날 사랑하는 사람으로부터 서운한 말을 들었다면, 또 어버이날 자녀 때문에 섭섭한 상황에 놓였다면 평소에는 아무렇지도 않을 수 있는 일이 크게 다가오기도 한다. 특별하고 싶은 날, 소중히 대해지고 싶은 욕구에 위배되기 때문이다.

함께 모이는 시간

개인적인 의미는 크지 않지만 함께 보내는 시간을 위해 존재하는 기념일들도 존재한다. 우리나라에는 계절에 따라 특별한 날들이 존재했고 여러 행사를 거행하곤 했는데, 시간이 지나 지금의 명절 형태로 자리 잡았다.

현재는 추석과 설날 등 공휴일로 지정된 명절을 제외하곤 대부분의 명절이 삶 속에서 사라져가고 있다. 각 명절에 해당하는 의미들이 존재하지만, 그 의미보다 더 중요한 것은 가족이 한데 모여 보내는 시간이었을 것이다.

특정 종교인들에겐 크리스마스가 아무런 의미가 없거나 전혀 다른 의미로 다가올 수 있겠지만, 종교가 없는 사람들도 크리스마스를 기념한다. 종교 지도자의 생일이라서가 아니라 추운 날씨에

비고 요한센, 〈고요한 밤〉, 1891

도 서로 연락을 취하고 선물을 주고받고 맛있는 음식을 나눠 먹을 수 있는 따뜻함이 공존하기 때문이다.

덴마크의 화가 비고 요한센의 〈고요한 밤〉을 보면 커다란 트리를 정성껏 꾸미고 주변에서 함께 노래를 부르고 있는 가족들이 그려져 있다.

아이부터 어른까지 트리의 원하는 곳에 오너먼트를 달고 주변을 꾸미면서 함께 시간을 보냈을 것이고, 서로에게 주는 선물을 트리 밑에 두고 함께 포장을 뜯으며 즐거운 시간을 보낼 것이다. 크리스마스 이브의 밤, 아이들은 부모에게서 산타가 밤에 선물을 줄 거라고 전해 들었을 것이다. 산타의 선물도 트리 아래 있을지 모르겠다. 진위 여부와 상관없이 이 모든 행위는 가족이 함께 모여 보내는 소중한 시간을 위한 것이다.

##　좋지 않은 날도 기념한다는 것

기념이라는 단어에 축하의 의미만 들어있진 않다. 좋은 날이라 생각하는 날에는 축하를 하지만 그렇지 않은 날도 많다. 대표적으로 누군가의 사망을 기리는 기일이나 전쟁이 발발한 날이 있다.

스페인의 화가 파블로 피카소의 대표작 〈게르니카〉는 가로 길이가 7m를 넘는 대작으로 스페인 내전의 참상이 주제다. 게르니카는 스페인 바스크에 있는 도시로 1937년 4월 26일, 독일의 콘도르 군단이 스페인 제2의 세력권이었던 이곳을 폭격했다.

수많은 게르니카 주민들이 공산당으로 몰려 학살당했고 피카소는 이 사실을 듣고 분노하며 작품을 완성했다. 이 작품을 본 한 독일 장교가 "이거 당신이 했나?"라고 묻자 피카소가 "아니, 당신들이 했지."라고 대답한 일화가 유명하다.

좋은 날을 축하하고 기억하는 것은 중요하다. 한 개인의 존재 가치를 확인하는 것이기 때문이다. 시험 합격일 같은 날은 노력을 보상받은 자랑스러운 날이기도 하다. 창립기념일은 회사가 정식

파블로 피카소, 〈게르니카〉, 1937

으로 세상에 존재한 날을 기념한다. 이 날을 기념해 회사의 경영 이념, 그리고 얼마나 성장했는지 등을 확인할 수 있을 것이다.

그러나 전쟁처럼 좋지 않은 날도 기념하는 이유는 잘못된 역사가 반복되어 더 이상의 무의미한 희생이 일어나지 않길 바라는 취지에서다. 실수하거나 고통받았다면 잊고 묻어두지 말고 과오를 반복하지 않고자 좋은 날뿐만 아니라 나쁜 날도 기억한다.

죽는 날까지 매일의 해는 떠오르고 비슷해 보이는 하루가 반복될 것이다. 좋은 날을 축하하고 좋지 않았던 날들을 거울 삼는다면 비슷해 보이는 매일이 특별한 의미를 찾을 것이다.

손에 잡히지 않지만
평생 쫓는 것들

가상

'우리는 무엇을 위해 살아가는 걸까?' '삶의 목적은 무엇일까?' 이 질문에 많은 사람이 '행복하기 위해'라고 답할 것이다.

그렇다면 행복은 무엇이고 또 어떻게 얻을 수 있는 걸까. 행복은 어떻게 생긴 것이며 만질 수 있긴 한 걸까. 모두가 추구하는 행복이라는 것은 결국 손에 잡히지 않는 실체가 아닌가.

삶의 궁극적 목표라는 원대한 관점으로 접근하면 결국 우리가 바라는 것은 사랑과 우정을 통한 질 높은 관계, 성취와 만족이라는 충만한 감각 등일 것이다. 그렇다면 이것들은 어떻게 생겼는가. 어떤 모습을 하고 있고 또 어디에 존재하는가.

이 질문에 대답할 수 없는 이유는 이 모든 것이 '가상'이자 허구의 개념들, 즉 상상을 통한 관념 속 존재들이기 때문이다. 우리가 매일매일 치열하게 살아가는 이유가 관념 속에만 존재하는 개념을 위해서였던가. 과연 그런 것인가.

허구적 최종목적론

심리학자 알프레드 아들러는 인간의 모든 행동에는 목적이 있다고 말했다. 그 이전의 심리학자 지그문트 프로이트가 인간은 과거의 경험에 의해 현재가 결정된다고 주장한 결정론과 정반대되는 개념이다.

아들러는 과거의 경험이 현재의 행동에 영향을 미치는 것은 맞지만 우리가 가지고 있는 주관적인 기대가 현재와 미래에 영향을 미친다고 주장했다. 다만 그런 목적의 대부분이 현실적으로 실현 가능성이 낮은 가공의 생각이라는 것이 그의 주장이다. 우리는 앞으로 잘살 것 같다는 상상으로 만들어진 이상을 향해 살아가는 존재인 것이다.

프랑스의 인상주의 화가 오귀스트 르누아르는 허구적 최종목적론에 따라 살아갔다. 가난하고 주목받지 못했지만 모든 그림 속에 행복의 이미지를 담았다. 자신이 반드시 행복해질 것이고 행복한

오귀스트 르누아르, 〈산책로〉, 1870

사람을 그림으로써 자신도 행복해질 거라고 믿었기 때문이다.

　일부에서 르누아르의 그림을 두고 거짓을 담았다고 주장하기도 하지만, 눈에 보이는 현실이 아닌 가공의 관념을 믿은 결과 그가 현실 세계에서 부와 명성을 얻을 수 있었던 것은 사실이다.

조셉 클락, 〈크리스마스 아침〉, 1920

산타를 믿었던 시간들

크리스마스의 아침이 밝았을 때, 아이들이 가장 먼저 하는 행동은 머리맡에 선물이 있는지 확인하는 일이다.

빅토리아 시대에 영국의 아이들을 주로 그린 조셉 클락의 그림 속 아이들은 아침에 눈을 뜨고 확인한 인형과 과자로 들떠있다. 이 모습을 본 부모들은 자신들이 가져다놓은 선물에 기뻐하는 아이들을 보며 웃음이 흘러나왔을 것이다.

어렸을 때 크리스마스 이브의 밤은 너무나도 설레는 시간이었다. 잠든 사이 산타가 선물을 몰래 놓고 가는 시간이었기 때문이다. 아침에 이상하리만치 구체적인 선물을 받았지만 한 번도 본 적 없는 산타를 존재한다고 믿었다. 부모가 아이에게 가상의 세계를 구축해줬기 때문이다.

착한 아이에겐 선물을 준다는 조건부 개념을 제공했고 아이들은 선물을 받기 위해 욕구를 참아가며 착한 아이의 범주에 들고자 노력했다.

눈에 보이지 않고 손에 잡히지 않는 가상의 개념은 이처럼 강력한 힘을 가지고 있다.

상상을 통해 생존한 인류

인류가 거친 야생에서 살아남아 군집을 이루며 다른 동물들에 맞서 싸울 수 있었던 데도 상상의 힘이 크게 작용했다. 날카로운 이빨과 발톱, 강력한 근육, 빠른 스피드 등 어느 것 하나 가진 것이 없었지만 인류는 군집을 이루기 시작했다.

원숭이와 오랑우탄을 비롯한 영장류 모두가 군집을 이루지만 서로 알고 지낼 수 있는 무리의 양에는 한계가 있었다.

영국 옥스퍼드대학교 문화인류학자 로빈 던바 교수는 실제로
알고 지낼 수 있는 친구의 한계치는 150여 명이며, 이 능력은 대
뇌 신피질의 크기에 달려있다고 발표했다. 그러나 인류는 150명
이 훨씬 넘는 큰 군집을 이루며 살아왔다. 상상력을 기반으로 새
로운 군집체계를 형성했기 때문이다.

　　여기 사자의 머리에 사람의 몸을 하고 있는 조각상이 있다. 그
옛날 인간은 이런 모습을 한 동물을 본 적이 없어도 예술 작품으
로 표현하는 행위는 가능했다.

　　인간이 도구를 사용하기 시작
한 때는 기원전 200만 년이지만
기원전 3000년경부터 작품들이
발견된다. 도구를 사용할 수 있
던 인류가 200만 년 가까이 가
지고 있지 않았던 것, 그것은 눈
에 보이지 않는 실체를 이야기
할 수 있는 힘이었다. 바로 상상
력이다. 상상력은 믿음의 영역
으로 발전한다.

　　사자를 믿는 사자부족과 곰을
믿는 곰부족이 출현하고 내가
무엇을 믿는지에 따라 내가 소

작자 미상, 〈사자 사람〉,
기원전 3000년경

속한 집단이 나뉘었다. 같은 집단에 속한 사람들은 그 자체로 동질감을 느끼고 소속감을 느낀다.

부족에서 시작한 이 개념은 종교, 회사, 학교, 국가 등의 가상 체계를 발전시켜 수많은 사람을 하나로 엮이게 한다. 그리하여 인간은 뇌가 기억하는 집단의 크기 이상의 큰 집단에 소속될 수 있었고 이 집단들 덕분에 인간이 다른 동물들보다 훨씬 더 큰 힘을 가질 수 있었다.

관념 세계의 힘

우울, 분노, 슬픔, 기쁨 등의 감정들과 자존감, 열등감 등의 심리적 척도들 역시 눈에 보이지 않는 관념이다.

구체적인 기준에서 수입이 높고 비싼 차를 소유하고 좋은 아파트에 살고 있는 사람이 무조건 긍정적인 감정을 많이 느끼진 않는다. 스스로를 어떤 가치가 있는 사람으로 규정하느냐에 따라 자존감 수준이 전혀 다를 수 있는 것이다.

무엇을 객관적으로 소유하고 있는가가 아닌 어떤 주관적 잣대로 자신을 판단하는가에 따라 삶의 질이 달라지고 자아상의 모습이 달라진다.

어린 시절 부모님이 산타의 존재를 알리고 산타의 역할을 전해줘 아이들의 관념 세계를 만들어줬듯, 성인이 된 후 어른의 관념 세계 역시 만들어진다. 그 세계에 따라 인간은 살아간다. 자기 자신이 만들기도 하지만 주변 사람과 함께 만들어가기도 한다.

가스라이팅을 하며 자존감을 훔치는 자존감 도둑 같은 사람이 곁에 있다면 습관적으로 스스로를 자책할 수 있다. 반면 당신이 얼마나 멋지고 빛나는 사람인지 끊임없이 말해주는 사람이 곁에 있다면 스스로를 향한 믿음이 견고한 세계에서 살아갈 수 있다.

그렇기에 어떤 사람을 곁에 두며 시간을 보내는지, 스스로를 어떤 사람이라고 정의 내리고 있는지 확인해보는 시간은 중요하다. 관념의 세계에서 인간은 자신을 규정하고 규정된 자신이 구체적인 현실의 세계에서 행동하는 힘을 갖기 때문이다.

생각을 간소화하고
본질만 남기는 작업

마인드 미니멀리즘

'미니멀리즘(minimalism)'이란 삶의 양식이 있다. 삶에서 불필요한 것들을 제거하고 사물이나 소재의 본질만 단순하고 간결하게 남겨 집중하고자 하는 것이다.

미니멀리즘은 본래 제2차 세계대전을 전후해 시각예술 분야에서 사용된 용어였으나 곧 문학, 회화, 연극, 건축 등 예술 전반으로 영역이 확장되었고 이윽고 삶의 양식으로까지 확장되었다.

미술에서의 미니멀리즘은 디자인이나 예술 사조의 하나다. 선과 면 등 핵심 요소만으로 연출해 효과의 극대화를 불러오는 것이 주요 특징이다.

미니멀리즘의 개념이 삶의 양식으로 대두된 것은 사회가 전반적으로 풍요로워졌을 때부터다. 이제 더 이상 먹고사는 생존의 문제를 고려하지 않는다.

"요새 어떻게 지내?"라는 질문에 흔히 먹고살 만하다고 답하는 문화가 있다. 그리고 직장이나 사회적 위치가 안정되면 밥은 굶지 않겠다고 말하는 문화가 여전히 있다. 그런가 하면 이런 류의 대화가 지금의 시대상과 많이 엇갈려 있다는 사실을 충분히 알고 있을 것이다.

유니셰프 등에선 아프리카의 굶어 죽어가는 아이들의 모습을 생생히 보여주며 여전히 생존을 위협받는 사람들의 모습을 자극적으로 연출해 기부를 종용하고 있으나, 정작 아프리카를 들여다보면 굶어 죽는 것을 걱정할 정도로 피폐하지 않고 의식주가 충분히 해소되고 있다.

아프리카가 인류에게 마지막으로 남은 가난과 굶주림의 상징으로 공고하기에 그에 따라 수많은 비영리 기관의 사업이 아프리카로 집중되고 있어 그런 영상들이 계속 제작되고 있을 뿐이다. 즉 가난과 빈민의 상징인 아프리카에서조차 더 이상 굶어 죽는 것을 걱정하는 일은 없다.

행복은 간결한 것이고 우리 곁에서 쉽게 발견할 수 있어야 하는데, 많은 도구가 곧 강박이 되고 복잡해지고 피곤해진다. 그렇기에 충분히 풍족해진 2000년대 이후로 미니멀리즘이 나타나고 유

글로벌 3대 명품 주방가구 브랜드
'보피(Boffi)'의 주방 예시

행한 것이다.

넘쳐나는 물건 속에서 살아가던 사람들은 다다익선(多多益善)의 개념을 버리고 물질적인 견지에서 도구를 줄였다. 삶의 수준을 간소화하는 움직임이 시작된 것이다.

건축에서도, 실내 인테리어나 가구에서도 이제 화려함은 촌스러움이 되었고 'Simple is the best'의 철학이 삶의 곳곳에 스며들고 있다.

2010년부턴 가득했던 도구와 복잡함에서 벗어나 간소한 공간과 삶의 양식을 추구하고 할 수 있는 행위는 스스로 수행하며 삶을 최적화하고자 하는 미니멀리즘 형태가 나타난다.

옷장 가득한 입지도 않을 옷들을 정리하고, 자주 사용하지 않고 공간만 차지하는 불필요한 가전을 정리하고, 가구부터 서적까지 다양한 부분을 정리하고자 했다.

누군가는 물건뿐만 아니라 인간관계 및 삶의 양식, 가치관 등까지 확장해 미니멀리즘을 실천하기도 했다. 문명의 발전에 따른 풍족함을 의도적으로 절제해 자신에게 오롯이 집중할 수 있는 계기를 만들고자 한 것이다.

미술심리 전문가로서 최소한의 물건으로 생활한다는 물리적 영역에서부터 마음을 간소화하고 불필요한 신념과 생각들을 정리해 삶의 목표를 명료화하고 행복을 보다 찾기 쉽게 만드는 개념까지 접목시킬 것을 제안한다.

물건, 인간관계 등의 미니멀리즘에서 나아가 불필요한 신념이나 복잡한 생각들을 정리해 미니멀리즘화하고자 한다. 마인드 미니멀리즘(mind minimalism)은 이런 개념의 새로운 이름이다.

───────── 삶의 무엇을 간소화해야 하는가

우리의 마음속은 다양한 신념들로 가득 차 있다. 그리고 모든 행동은 신념의 지시를 따르고 있다. 신념은 인간 행동을 움직이는 가장 큰 원동력이기 때문이다.

인간은 합리적인 존재이지만 하나의 사건에 각자 다르게 반응하고 행동한다. 신념과 사고 체계가 각각 다르기 때문이다. 이런 사고방식은 최근에 생겨난 개념이 아니다.

신념에 따른 결과의 차이는 고전 문학과 철학자의 글에서도 찾아볼 수 있다.

윌리엄 셰익스피어는 인간의 생각이 대상을 인식하는 태도에 대해 말했다. "세상에는 좋고 나쁜 것이란 없다. 다만 생각이 그렇게 만들 뿐이다."

그런가 하면 철학자 에픽테토스는 저서에 기술했다. "인간은 상황 때문이 아니라 상황에 대해 형성하는 원칙과 생각 때문에 불안해진다. 그렇기 때문에 똑같은 상황이라 할지라도 사람에 따라 행동과 감정이 달라진다."

우리의 행동을 변화시키고 행동을 유도하고자 하는 마음속의 신념이 본질임에도 불구하고 많은 이가 이 사실을 무시한다. 우리는 신념을 최적화하고 간소화하는 과정으로 복잡한 마음을 간소화시킬 수 있다.

물질뿐만 아니라 정신도 과잉인 현대 사회인에겐 물질적이고 인간관계적 미니멀리즘뿐만 아니라 불필요한 신념을 제거하고 마인드 미니멀리즘을 도모함으로써 삶의 목표를 분명하게 해주도록 유도하는 것이 필요하다. 신념이 간소화된다면 의도하지 않더라도 삶이 긍정적이고 유연한 방향으로 귀결될 수 있기 때문이다.

마음의 간소화에 방해가 되는 생각들 중 대표적인 두 가지를 소개한다.

사회와 타인의 시선

　마인드 미니멀리즘을 시도하려 할 때 주변의 눈들은 내가 나에게 집중하기 어렵게 만든다. 내가 나에게 집중하고자 해도 타인과 사회의 시선이 방해가 된다는 것이다.

　우리는 사회적 존재인 이상 타인의 시선에서 온전히 자유로울 수 없다. 그렇다고 자유롭고자 하는 열망과 자유롭고자 하는 행동을 포기할 수는 없을 것이다. 길거리에서 넘어져 떨어뜨린 동전을 줍는 모습을 누가 볼까 봐 창피해 줍지 않고 그냥 가는 것만큼 바보 같은 일도 없다.

　때로 타인의 시선을 지나치게 고려하다가 자신의 진정한 욕구를 눈치 채지 못하고 행동한 뒤에 후회하기도 한다. 타인의 시선을 고려하지 않고 사회적 생활을 영위하는 것은 불가능하지만, 자신의 모든 선택이 타인의 시선이나 기대를 바탕으로 행해진다면 선택의 주체자가 뒤바뀌는 일이 벌어질 것이다.

　예를 들어 내 아이에게 소요되는 교육 비용이 필요해서가 아닌 동네 아이들도 다 하니까 어쩔 수 없이 따라 하는 거라면 현명한 소비가 이뤄지긴 어려울 것이다. 아이에게 무엇이 하고 싶은지 분명히 묻고 부부간의 상의로 교육비를 설정해 나가야 할 것이다.

　'혹여나 인생의 실패자로 비춰지면 어쩌지?'와 같은 부담감은 무겁다. 여자로서, 전문가로서, 아내로서, 딸로서, 며느리로서, 다양한 역할들에 따른 시선은 언제나 존재하기 마련이다. 특히 성공과 실패, 업적 등이 연결되어 있는 선택이라면 가치의 무게에서 큰 고민을 할 것이다.

만약 타인의 시선의 무게가 자신에게 더 가치 있다고 판단하면 그렇게 선택해도 좋다. 그러나 그 시선으로부터 자유로워졌을 때 자신이 얻을 수 있는 더 큰 가치가 있다면 용기 내어 다른 선택을 해보는 것은 어떨까.

자크 루이 다비드는 루브르 박물관의 걸작 중 하나인 〈나폴레옹 대관식〉, 그리고 〈알프스 산맥을 넘는 나폴레옹〉을 그린 프랑스의 신고전주의 작가다.

그의 또 다른 걸작 〈브루투스와 주검이 되어 돌아온 아들들〉은 무장봉기를 일으켜 로마의 마지막 전제 군주인 루키우스 타르퀴니우스 수페르부스를 몰아내 왕정을 종식시키고 그 공으로 로마 공화국 최초의 집정관으로 선출된 루키우스 유니우스 브루투스의 비극을 그렸다.

뒤쪽에 브루투스의 아들들이 죽어 실려오는 모습이 보인다. 오른쪽에는 세 모녀가 오열하고 실신한 모습이 보이고 왼쪽 아래에는 브루투스가 침통하게 앉아 있는 모습이 보인다.

브루투스는 로마 왕정을 종식시키고 로마 공화국 설립에 기여했으나 아들 티투스와 티베리우스가 타르퀴니우스의 왕정 복귀를 시도한 반역에 가담한다.

자크 루이 다비드, 〈브루투스와 주검이 되어 돌아온 아들들〉, 1789

 반역은 실패했고 반역에 참가한 모든 이가 처벌 받는다. 브루투스의 아들들은 아버지의 공을 생각해 처형하는 대신 외국으로 추방하는 선에서 마무리하자는 온정적 분위기가 대세였다.

 브루투스가 모른 척 받아들였다면 아들들의 목숨을 건질 수 있었으나 그는 그렇게 하지 않았다. 아들들에게 반역 행위에 대해 변명할 기회를 세 차례 줬고 답하지 않자 원칙대로 처형을 명하고 집행 모습을 지켜봤다.

 집정관은 정의롭고 공정해야 한다는 대중의 기대가 브루투스로선 부담스러웠을 것이다. 또 그가 집정관으로서 또 아버지로서 어떤 결정을 내릴지 지켜보는 대중의 시선이 따가웠을 것이다.

혹시 그 시선 탓에 아버지로서보다는 집정관으로서의 자신을 선택한 것은 아니었을까. 그가 사회적인 시선에서 자신이 어떻게 비춰지는지가 아닌 내면의 목소리에 귀를 기울였다면 어떤 선택을 했을지 자못 궁금하다.

당연하게 생각해왔던 것들

'모두가 그랬으니까' '다들 그러니까' 너무나도 자연스럽게 여긴 생각들은 항상 정답이었을까. 우리 사회는 나이가 차면 결혼하고 아이를 낳고 잘 키우는 삶을 기대한다.

여자들에게 여전히 서른은 불편한 숫자다. 그런가 하면 남자들은 제때 밥벌이를 해야 하고 또 처자식을 먹여 살려야 하는 나이다. 오래된 사회적 잣대들이 행동과 생각의 제약을 만든다.

한편 여자의 나이를 크리스마스 케이크에 비유했던 때가 있다. 스물네 살일 때 가장 비싸고 스물다섯 살에도 팔리긴 팔리지만 그 이상이면 잘 팔리지 않는다는 것이다. 여성을 '팔린다'라는 단어로 표현한 것이 저급하기 이를 데 없이 느껴진다. 또한 소위 말하는 결혼 적령기가 지금보다 훨씬 빨랐다는 사실도 보여준다.

과거보다는 많이 줄었지만, 여전히 결혼 적령기가 되면 결혼에 대한 사회적 압박이 시작된다. 친척들을 만나면 결혼은 언제 하느냐고 묻고 애인이라도 만나면 이제 결혼하는 거냐고 묻는다. 누가 묻지 않아도 주변 친구들이 하나둘 결혼하면 혼자 남겨지는 기분을 느끼며 스트레스를 받기도 한다. 혼기가 찼을 때 '결혼은 타이밍이야!'라고 자신을 위로하며 옆에 있는 사람과 서둘러 결혼하는 경우도 있다.

되짚어볼 필요가 있다. 결혼을 꼭 결혼 적령기에 해야 할까. 결혼을 꼭 해야 할까. 결혼을 언제 하는지 궁금한 사람은 언제나 주변인들이다. '언제 결혼하니?'라는 제목이 그런 사실을 보여준다.

18세기 말 프랑스의 후기 인상주의 작가 폴 고갱은 인종과 문화를 불문하고 사회적으로 가해지는 부담감에 관한 그림을 밝고 경쾌한 색상으로 그려냈다.

원시적 그림을 그리고자 타히티섬으로 간 고갱은 타히티 부족의 모녀가 큰 구도를 차지하고 있는 그림 〈언제 결혼하니?〉를 통해 미혼 여성이 가지는 사회적 부담감을 재치 있게 표현했다.

그림 속 여인들은 강렬한 색상의 타히티 전통 의상 파레오를 입고 있다. 앞에 앉아 있는 여인은 귀에 꽃을 꽂고 있다. 검게 그을린 건강한 피부가 화려한 색깔의 옷 그리고 꽃과 선명하게 대조를 이루고 있다. 색의 구성은 단순하다. 바닥은 황금빛과 녹색을 띠고 뒤에 보이는 산과 나무 및 물웅덩이는 새파란 색을 띤다.

타히티섬은 토양이 비옥했고 생명력이 넘쳤다. 고갱은 그곳에

폴 고갱, 〈언제 결혼하니?〉, 1892

서 행복과 평화를 느꼈다. 그러나 그런 원시적 사회에서도 모녀 관계는 고갱이 떠나온 유럽의 여느 곳과 다르지 않았다.

허리를 꼿꼿하게 세우고 앉아 있는 엄마는 딸에게 "언제 결혼할 거냐?"라고 다그치고 있고 딸은 엄마의 잔소리가 듣기 싫어 시선을 피하며 슬그머니 일어나 자리를 피하려 하고 있다.

딸의 제스처는 엄마의 압박을 외면하는 모습인데, 결혼 적령기가 되면 결혼해야 한다는 사회적 규범으로부터 자유로워지고 싶은 마음을 나타내는 것으로도 읽힌다.

고갱은 평범한 증권거래소 직원이었지만 소신과 의지에 따라 예술가의 삶을 살았다. 그랬기에 그는 엄마에게 결혼 압박을 받는 그림 속 여인을 연민의 눈으로 봤을 것이다.

마인드 미니멀리즘 하세요

이외에도 마인드 미니멀리즘을 가로막는 생각들은 많다. 결함이 없는 완전함을 이루고자 끊임없이 노력해야 한다고 믿는 완벽주의, 그동안 투자한 시간과 열정이 아까워 모든 것을 안고 있는 매몰 비용의 오류, 우유부단함, 막연한 기대감, 불안을 부르는 불안, 과거를 곱씹는 버릇, 타인의 감정을 억측하며 고통받는 독심술, 나의 단점을 타인과 비교하며 만드는 열등감 등이다.

우리의 감정 에너지는 제한적이다. 그렇기에 제한적인 감정들을 더 가치 있게 사용하기 위해선 내게 방해되고 불필요한 생각과 그 생각의 뿌리인 잘못된 신념들을 하나씩 제거해 나가는 과정이 필요하다.

머릿속을 복잡하게 만들고 계속 스트레스를 주며 자신을 더욱 불안하게 하는 생각들이 떠나지 않는다면, 의도적으로라도 생각을 가볍게 만들어보자.

아주 짧은 시간이더라도 생각을 간소화하는 연습이 필요하다. 복잡하고 불필요한 생각들을 지속적으로 해오는 것이 습관이 되었기 때문이다.

나쁜 습관은 좋은 습관이 생겨나며 서서히 자리를 잃을 것이다. 그렇다고 생각 없애기에 몰두해서도 안 될 것이다.

머릿속에 그려진 무수한 생각들 중 하나가 불필요하다는 사실을 알고 멀리하도록 노력하는 행동에서부터 생각의 간소화가 시작된다. 이 과정을 반복하면 나를 해치는 생각들로부터 자유로워진 마인드 미니멀리즘 상태에 도달할 것이다.

같은 대상을 바라보는
다양한 시각과 입장

관점

'관점(觀點)'이란 특정 사물이나 현상을 관찰할 때 관찰자가 보고 생각하는 태도나 방향을 의미한다. 개인적 견해로부터 이해하고 생각하는 태도를 의미하기도 한다.

물이 반쯤 채워져 있는 물컵을 봤을 때 '물이 반이나 있네'라고 생각하는 사람과 '물이 반밖에 없네'라고 생각하는 사람 사이의 관점 차이가 대표적이다.

평소 긍정적인 자기 대화를 자주한 사람은 긍정적인 면을 더 보고 부정적인 자기 대화를 자주한 사람은 부정적인 면을 더 본다는 것은 당연할지 모른다.

산드로 보티첼리, 〈베툴리아로 돌아가는 유디트〉, 1472

예를 들어 운전 중 뒤 차의 운전자가 딴생각을 하다가 브레이크를 제때 밟지 못할 경우, 자신이 몰던 차의 뒷면과 접촉하는 사고가 발생하기도 한다.

이때 긍정적인 관점을 자주 사용하는 사람은 상황을 살핀 후 '몸이 다치치 않아 다행이다. 막히는 구간에서 사고가 나지 않아 다행이다.'라고 생각할 수 있다. 그러나 부정적인 관점을 자주 사용하는 사람은 '또 이럴 줄 알았다.' 혹은 '어쩐지 요새 뭐가 잘 풀린다 했다. 내가 그럼 그렇지.'라고 생각할 수 있다.

화가가 그리는 그림의 대상은 당연히 화가에 따라 다르다. 그렇지만 많은 화가가 즐겨 그리는 공통된 주제나 대상도 존재한다. 동일한 배경의 이야기를 가지고 있는 인물을 두고 화가들마다 어떤 관점으로 그렸는지 알아보는 일은 각자가 가지고 있는 가치관과 대상에 대한 태도를 확인하는 흥미로운 작업이 될 것이다.

평화로운 봄날, 유디트

유디트는 유대의 산악 도시 베툴리아에 살았던 아름다운 과부다. 그런데 베툴리아에 앗시리아군이 침략하는 사건이 벌어진다. 베툴리아인들은 거짓으로 투항했고 유디트는 자신의 아름다움으로 적장 홀로페르네스를 유혹해 연회를 즐기는 척하며 술을 마시게 했다. 홀로페르네스가 술에 취해 잠들었을 때 그의 목을 베어 하녀와 함께 연회장을 빠져 나온다.

유디트의 이야기는 여러 화가에게 예술적 영감을 줬다. 〈비너스의 탄생〉으로 잘 알려져 있는 르네상스의 화가 산드로 보티첼리의 〈베툴리아로 돌아가는 유디트〉를 보면 사랑스러운 색감과 표현 때문에 그림 속 유디트가 방금 살인을 한 것처럼 보이지 않을 수도 있다. 그러나 하녀를 보면 적장의 머리를 머리에 이고 있다. 1472년에 여성이 남성의 잘린 머리를 들고 있는 모습은 상당히 충격적이다.

보티첼리는 유디트가 아름다운 여성이라는 점을 강조하고자 몸의 가녀린 굴곡과 몸을 살짝 비튼 요염한 모습을 추가적인 장치로 사용했다. 그런가 하면 한 손에 평화를 상징하는 올리브 나뭇가지를 들고 있다. 보티첼리가 이 작품을 그린 때는 백합으로 마리아의 순결을 나타내는 등 알레고리 체계로 구성되었던 중세 미술이 종말을 맞이한 지 얼마 안 된 시점이었다.

잔인한 장면의 그림을 선호하지 않은 보티첼리는 적장의 머리가 보이지 않았더라면 두 여성의 봄나들이 정도로 보이게끔 표현했다. 또한 죽은 홀로페르네스의 얼굴도 평온하게 묘사했다. 그러나 그녀들 뒤에 보이는 적군들의 아비규환으로 그들의 성과를 분명하게 보여주고 있다.

램브란트 반레인, 〈홀로페르네스의 연회에서의 유디트〉, 1599

차분한 계획적 살인자, 유디트

빛의 화가로 유명한 바로크의 화가 램브란트 반레인의 유디트
는 차분하다. 램브란트가 활동하던 당시에는 풍만한 우아함을 지
닌 여성이 이상화되었기에 다른 그림에서의 유디트와 체형이 사
뭇 다르다. 유디트의 시종 아르바가 앞에서 머리 담을 자루를 들
고 있으나 잘 보이지 않으며, 왼쪽 어둠 속의 노파도 아주 자세히
봐야 보일 정도다.

어둠 속에서 적장의 머리를 담을 자루를 들고 연회에서 차분히 기회를 노리는 유디트의 모습은 결코 충동적인 살인이 아니라 계획적이고 치밀한 살인이었다는 것을 보여주고 있다.

램브란트는 이 그림으로 머리를 자르는 순간의 잔혹함이나 참수 후 자루에 담은 쾌거가 아닌 지적이고 철두철미한 유디트의 모습을 부각하고 있는 것이다.

_____ 최초의 살인 장면, 유디트

이탈리아의 바로크 화가 카라바조는 역사상 처음으로 살인 장면이 등장하는 유디트를 그렸다. "유디트는 홀로페르네스의 머리털을 움켜쥐었다. 칼을 쥐고 있는 힘을 다해 그의 목덜미를 두 번 내리찍었다. 떨어지는 번개처럼 순식간이었다. 홀로페르네스는 태어나 한 번도 겪은 적 없는 고통에 눈을 떴다. 가장 먼저 본 것은 유디트의 껄끄러운 표정, 차가운 무언가에 뜯어지는 자기 목에서 쏟아져 나오는 붉은 피였다."

1598년 카라바조는 이 문구를 읽고 그동안 목을 베기 전과 후만 그려온 유디트가 아닌 살인 장면을 그려야겠다고 결심한다. 그러나 그림 속 유디트는 인상을 잔뜩 찌푸린 채 두려움에 휩싸여 있다. 홀로페르네스로부터 최대한 멀리 떨어져 칼을 쥐고 있고 쏟

카라바조, 〈홀로페르네스의 목을 치는 유디트〉, 1599

아져 나오는 피는 털실처럼 작위적인 느낌을 준다. 뒤에서 넘실거리는 붉은 천은 피를 고급스럽게 상징하는 표현이었다.

_____ 복수의 여신, 유디트

이탈리아의 화가 아르테미시아 젠틸레스키는 유디트의 살인 장면을 그린 최초의 여성 화가다. 화가라는 직업을 등록한 최초의

아르테미시아 젠틸레스키,
〈홀로페르네스의 목을 치는 유디트〉,
1620

여성이자 사별한 귀족이 아니라도 여성이 공공문서에 사인할 수
있는 최초의 권리를 얻은 여성이기도 하다.

　미술학도를 꿈꾼 젠틸레스키는 궁정화가였던 아버지 오라치오
젠틸레스키의 동료 화가 아고스티노 타시를 소개받는다. 그러나
열아홉 살의 소녀 젠틸레스키는 스승에게 성폭행을 당하고 만다.

　재판에 회부되었지만 정작 '그녀는 처녀였는가?'라는 질문이 요
지였다. 처녀가 아니라면 성폭행이 인정되지 않기 때문이었다. 재
판관들은 산파를 불러 그 자리에서 부인과 검사를 실시한다. 두
번째 질문은 '그녀가 원했는가?'였다.

　약 7개월간 손가락을 으스러뜨리는 고문을 받은 젠틸레스키는
결국 피해자로 인정받고 풀려난다. 반면 가해자 타시는 2년 형을

선고받았으나 바로 사면되어 사실상 아무런 처벌도 받지 않고 바로 화가 활동을 한다.

가문의 수치라고 느낀 젠틸레스키의 아버지는 딸을 무명의 빚쟁이 화가와 결혼시키고 보수적인 로마를 떠나 피렌체에 살도록 한다. 젠틸레스키의 남편은 그녀의 그림 실력에 자격지심을 느껴 가정 폭력을 일삼았고 그녀는 결국 딸과 함께 로마로 도망쳐 돌아오고 만다.

젠틸레스키는 자신의 그림에 적극적이고 능동적인 여성을 처음 등장시켰다. 유디트의 얼굴에는 자신의 자화상을 그려 넣고 홀로페르네스의 얼굴에는 성폭행 가해자 타시의 얼굴을 그려 넣었다. 비록 실제로 그를 죽일 수는 없었지만 그림 속에서 그녀는 타시를 죽이고 또 죽였다.

매혹적인 요부, 유디트

〈키스〉를 통해 전 세계적으로 알려진 구스타프 클림트는 유디트의 매력에 관심이 많았다. 〈키스〉가 워낙 낭만적인 분위기라 클림트의 성향이 잘 드러나지 않는데, 사실 그가 그림에 있어 가장 중요하게 생각한 주제는 성과 죽음이었다.

클림트가 선택한 〈유디트〉에도 성적인 이미지가 부각되고 있

구스타프 클림트, 〈유디트〉, 1901

다. 그는 '얼마나 매혹적이었기에 적장이 마음 놓고 술을 마실 정도였을까?'에 초점을 맞췄다.

그가 표현한 유디트는 관능적인 눈빛으로 내려다보며 가슴을 풀어헤치고 있다. 오른쪽 아래 적장의 머리가 보이긴 하지만 중요한 부분이 아님을 내보이듯 얼굴의 1/3 정도다.

1901년 여성의 성이 드러나기에는 너무나 보수적이었던 시절, 사람들은 영웅시되어야 하는 유디트가 성적 대상으로 그려진 것에 불쾌감을 표했다. 그러나 지금은 에로티시즘의 대가 클림트가 자신만의 관점으로 해석한 유디트라는 사실에 가치를 충분히 인정받고 있다.

세상을 바라보는 태도

어떤 어린 시절을 보냈고, 어떤 사람과 교류했으며, 어떤 환경에서 살고, 어떤 직업을 가지고, 어떤 위치에 있는지에 따라 세상을 바라보는 관점이 달라진다.

관점은 시간이 지나면서 변하기도 하는 요소로, 과거에는 중요하게 생각하지 않았던 것을 현재에는 중요하게 여기기도 하고 과거에 집착했던 것을 현재에는 우선순위에 두지 않는 경우도 있다.

나날이 쌓아 나가는 경험들이 나라는 인격체를 만들고 세상을 바라보는 관점을 재구축하기 때문이다. 모든 개인은 현상학적 장 안에서 자신만의 세계를 만들어간다.

그렇기에 젠틸레스키의 유디트는 감동스럽고 클림트의 유디트는 천박하다는 평가는 옳지 않다. 젠틸레스키의 성폭행 경험이 만들어낸 유디트와 에로티시즘의 대가 클림트가 만들어낸 유디트는 각자가 바라본 고유의 시선이자 세계다.

좋은 관점이란 스스로에게 도움이 되고 스스로가 덜 불행해지는 관점이다. 그리고 이 관점은 물론 사람마다 다르다. 그 자신을 보호하고 자신이 믿는 신념에 따라 형성된 관점이 나와 같지 않다고 비난하는 것은 불필요하다.

세상에는 다양한 관점이 존재하기에 문화가 발전하고 예술이 탄생했으며 새로운 문제 해결 방식이 도출되고 있다. 나의 경험과 시간이 소중한 만큼 타인의 경험과 시간도 귀하다. 이 관점들을 모아 어떻게 더 나은 세상을 만들어갈지가 서로 머리를 맞대고 생각해야 할 부분이다.

다신 돌아오지 않을
찰나의 순간들

현재성

회상(回想)은 사건이 지난 후 다시 떠올리는 행위다. 시간이 어느 정도 흐른 후 다시 그 순간을 바라보고 돌려보는 것을 의미한다. 되돌아봄으로써 그 안에 존재하는 다양한 기억에서 추억을 찾아내기도 하고 새로운 통찰을 얻기도 한다.

추억은 부정적인 기억이 아닌 행복했던 시간의 기억들을 일컫는다. 살아온 과정에서 의미 있었던 사건들은 주로 성취라는 단어로 남겨지고 추억이라는 단어에는 주로 감성적이고 관계에 관련된 기억들이 남는다.

시간이 흘러 지난 흔적들을 돌아봤을 때 그때는 알지 못했지만 지금은 알게 된 것들이 많다.

이를테면 3, 40대가 되었을 당시에는 나이가 너무 많다고 생각했는데 나이를 더 먹고 나니 그때야말로 할 수 있는 일이 많은 젊은 나이였다는 것을 뒤늦게 깨닫는 경우를 흔히 볼 수 있다.

사람은 때론 미래를 위해 지금의 행복을 유예시키기도 한다. 미래를 준비하고 있기에 지금 누리는 행복을 사치라고 생각하기도 하고 아직 여유가 없어 즐길 수 없다고 생각하는 사람들도 있다.

지금 이 자리에서 실재하는 성질은 '현재성(現在性)'으로 설명된다. 현재성의 대상들은 흘러가버리면 잡을 수 없는 것들이고 뒤늦게나마 소중함을 깨달았을 때는 이미 늦었을 수도 있다. 그 대상은 시간이 될 수도, 기회가 될 수도, 사람이 될 수도 있다.

─────── 이대로 흘러가버리기 전에

호아킨 소로야는 디에고 벨라스케스, 파블로 피카소와 더불어 스페인을 대표하는 화가다. 10대 나이에 인정을 받아 젊은 시절부터 당대 최고의 화가로 불렸다. 제1차 세계대전 이후 추상회화가 구상회화를 추월하며 소로야의 작품도 잠시 잊히는 듯했지만, 2000년대부터 재조명받으며 그가 남긴 찰나의 순간들이 힐링의 키워드와 함께 대중적으로 다시 사랑받기 시작했다.

호아킨 소로야,
〈바닷가 산책〉, 1909

그는 "나는 그림을 빠르게 그린다. 빠르게 그리지 않으면 다시 만나지 못할 풍경들이 사라질 테니까."라는 말을 남겼다. 고향 발렌시아 해변의 빛나는 순간들을 담고자 1년에 한 달 정도 바닷가에 머무른 적이 있다.

큰딸과 아내를 모델로 담은 〈바닷가 산책〉을 보면 그가 사랑한 가족과 윤슬이 반짝이는 바닷가의 촉감이 생생하게 담겨있다. 발렌시아 해변을 간 적 없을지라도 그림 속의 온도, 바람, 소리가 상상이 갈 정도로 그의 그림은 현재성을 오롯이 담고 있다.

아름다운 노을을 봤을 때, 예쁘게 플레이팅 된 음식을 받았을 때, 멋진 장소에 방문했을 때 사람들은 핸드폰을 꺼내 사진을 찍는다. 사진을 SNS에 업로드하는 사람도 있고 다시 꺼내 보며 추억에 잠기는 사람도 있지만, 찍기만 하고 다시 보지 않는 사람도 많다. 그럼에도 사진을 찍는 이유는 흘러가버리면 다시 오지 않을 지금을 붙잡아 담고 싶다는 욕구 때문일 것이다. 지금이 만족스럽기에 또 지금의 풍경이 황홀하기에 붙잡고 싶은 것이다.

소로야는 평생에 걸쳐 캔버스에 찰나의 순간을 담았다. 그는 그 누구보다 현재성의 가치를 더 잘 알고 있었다.

──────── 함께 있지 않은 순간이라도

소로야는 활동하는 동안 충분히 인정받았는데, 그 때문에 가족과 떨어져 활동해야 하는 경우가 많았다. 스물한 살에 스페인 미술전에서 2위로 입상했고 스물아홉 살에는 1위로 입상했다. 서른한 살에는 빌바오 예술전에서 1위를 했고 서른네 살에는 베니치아 비엔날레에서 베네치아 상을 수상했다. 서른일곱 살에는 파리만국박람회에서 그랑프리를 수상하는 등 전시와 작품 활동으로 바쁜 시간을 보냈다.

호아킨 소로야,
〈회색 드레스를 입은 클로틸테〉, 1900

사랑하는 아내 클로틸테 가르시아를 만나 딸 셋을 낳았지만 함께 있는 시간이 부족했던 그는 아내에게 수많은 편지를 썼다. 떨어져 있기에 각자의 현재 삶에 충실하는 것이 아닌 공간을 초월한 현재성의 가치를 인식한 것이다.

소로야가 아내에게 보낸 편지 중에 이런 문구가 있다. "나의 모든 사랑은 당신을 향해 있어. 나는 우리 아이들도 정말 사랑하지만 여러 면에서 당신을 더 사랑해. 당신은 나의 몸이고, 인생이고, 정신이고, 내 평생의 이상이야." 그가 아내에게 남긴 편지가 800여 통이나 남아있어 그가 가족과 육체적으로 떨어져 지내는 동안에도 정신적으로 완전히 연결되고 있었음을 알 수 있다.

심리치료로 만난 내담자들에게 현재 자신과 자신의 주변에 있는 가치의 소중함을 찾고 지금의 행복감에 더 집중하라고 말하면 자신들이 그렇게 하지 못하는 이유를 나열하는 경우가 많다. 시간이 없어서, 경제적으로 어려워서, 상황이 여의치 않아서 그렇게 하지 못한다는 것이다.

방법은 찾으면 있고 실행할 가능성도 있다. 하지만 현실을 마주하고 싶지 않다는 이유로, 익숙하지 않다는 이유로, 그렇게까지 해서 굳이 작은 행복을 찾을 필요성을 느끼지 못한다는 이유로 시간을 흘려보낸다.

호아킨 소로야, 〈아직도 생선이 비싸다고 말하는가!〉, 1894

##　지금 - 여기

　내담자의 문제를 다루는 방식 중 '지금-여기'라는 개념이 있다. 과거의 문제를 현재의 시점으로 가져와 지금 여기에서 다루게끔 한다. 미래에 일어날 일들도 현재의 시점으로 가져온다. 과거는 지나간 일이고, 미래는 오지 않았으며, 현재를 제외하고는 어떤 힘도 가지지 못한다. 아이들에게 칭찬하거나 훈육할 때도 마찬가지다. 시간이 지난 칭찬과 훈육은 힘이 현저히 떨어진다.

　소로야의 그림은 야외에서 빛을 담은 인상주의의 모습을 하고 있지만 지금-여기의 순간을 담은 사실주의의 모습을 하고 있기도 하다. 경험적인 현실 이외의 세계는 존재하지 않는다는 사실주의와 지금-여기의 찰나를 포착한 소로야가 만나 〈아직도 생선이 비싸다고 말하는가!〉가 탄생했다.

고기잡이 배에 타고 있던 한 소년이 고기를 잡다가 크게 다쳐 쓰러져 있다. 왼쪽 귀퉁이에는 잡은 지 얼마 되지 않은 생선들이 쌓여 있다. 소년의 아버지와 할아버지로 보이는 남성들이 아이를 돌보고 있지만, 아이의 상처는 깊어 보인다. 배가 바다 위에 있기에 제대로 된 치료를 받기도 어렵다. 그런가 하면 험난한 파도와 싸우며 목숨 걸고 생선을 잡아 와도 시장에 내놓으면 사람들은 어김없이 비싸다고 투덜댈 것이다.

소로야의 현재성은 냉혹한 현실의 찰나를 캔버스에 담았다.

─────── 다시 꺼내 쓸 수 있는 마음의 에너지

현재를 놓친 후의 회상은 아쉬움으로 남지만, 현재를 충분히 경험한 후의 회상은 다시 꺼내 쓸 수 있는 힘이 된다.

소로야가 셋째딸이자 막내 엘레나가 태어난 지 얼마 되지 않았을 때의 소중한 순간을 담은 〈엄마〉는 잠들어 있는 아내와 딸의 모습이 고요하고 따뜻하게 담겨있다. 세상에 막 태어난 아기가 꼬

호아킨 소로야, 〈엄마〉, 1900

물꼬물 잠들어 있는 순간을 화폭에 담았다.

배경을 아름답게 그리는 것이 특징인 소로야지만 지금만큼은 새하얀 벽과 이불 안에서 잠든 아내와 아이만 중요해 보인다. 잊고 싶지 않은 소중한 순간을 기억하며 삶 속에서 의미 있는 순간들을 다시 한 번 마음에 새긴다.

소로야는 다시 이 그림을 꺼내 보며 행복했던 시간을 떠올렸을 테고 바쁜 스케줄로 지치고 힘들 때 자신을 응원해주는 가족들의 존재로 힘을 얻을 수 있었을 테다.

지금-여기에 일어나는 사건들은 아이의 출산만큼 거창하진 않다. 하지만 반복되지 않는 유일한 시간이 지금도 흘러가고 있다는 것을 생각하면 더 선명하게 기억하고 경험해야 할 시간의 조각들이 보일 것이다. 우리 모두에겐 이 조각들을 인생의 중요한 보관함에 가져가 간직할 수 있는 선택권이 있다.

_____ 계절의 변화를 보고 있나요

삶의 질이 높은 사람들은 계절의 변화를 잘 알고 있다. 반면 일상이 버거운 사람들은 하늘보다 땅을 보기에 눈부신 태양과 구름의 흩날림, 봄의 싱그러움과 가을의 운치를 감상할 여유가 없다.

지나고 나면 잎은 떨어져 있고 벌써 한해가 지났다고 생각한다. 즉 삶의 질이 높다는 것은 마음이 여유롭고 또 주변을 둘러보고 주변에서 일어나고 있는 현재성의 변화를 볼 수 있다는 의미이기도 하다.

퇴근하며 본 아름다운 노을을 다음 날 다시 볼 거라고 기대하는 사람과 쳇바퀴 속에서 반복된 삶을 사는 사람은 스케줄이 같더라도 삶을 바라보는 태도가 완전히 다르다. 오늘의 현재성을 바라보라고 해도 그저 어제와 똑같은 하루가 흘러가는 것처럼 보일 수도 있다.

그러나 단언컨대, 반복되는 양상은 있더라도 동일한 시간은 존재하지 않는다. 오늘의 하루가 특별할 수밖에 없는 무수한 이유를 가지고 있을 수도 있다.

퇴근 후 날씨가 괜찮다면 좋아하는 음악을 들으며 산책을 할 수도 있고, 시간이 조금 있다면 서점에 들러 신간 도서를 구매할 수도 있으며, 주말에 한두 시간 거리로 드라이브를 가서 자연을 만나고 올 수도 있다. 오랜만에 극장에 가서 문화생활을 만끽하는 것도 좋을 것이다. 오랜 시간 연락이 닿지 않은 소중한 사람에게 안부 전화를 해보면 어떨까.

다시는 오지 않을 오늘의 다양한 모습을 발견하고 오늘을 특별하게 만들기 위한 다양한 시도가 있다면, 매일은 새롭고 지금은 어느 때보다 소중할 것이다. 어떤 지금을 만드는가는 온전히 나의 선택이다.

인생의 기준은
스스로 확립해야 한다

가치관

'가치관(價値觀)'은 가치에 대한 관점을 의미한다. 세상을 바라보는 방식, 세상과 자신 사이의 접점을 찾는 기준이기도 하다. 무엇을 위해 살아갈지, 어떤 선택의 순간에 어떤 기준을 사용할지, 타인이 행동을 취할 때 어떻게 대응할지 등은 가치관으로부터 비롯된다.

가치관이 확립되지 않으면 자신보다 타인의 목소리에 더 크게 반응하고 자신의 기준보다 사회의 기준을 더 중요하게 여기기도 한다. 반면 스스로 무엇을 해야 할지, 왜 하고 싶은지, 어떻게 되고 싶은지 등을 결정한 사람의 선택은 목표에 더 빠르고 정확하게 다가가게 해준다. 이 과정에서 타인과 사회의 인정은 있으면 좋지만 없어도 상관없다. 선택은 스스로 했고 선택의 근거는 확실했으니 말이다.

〈키스〉로 잘 알려진 오스트리아의 화가 구스타프 클림트는 자신이 만든 가치관에 따라 타인이 아닌 자신의 기준으로 삶을 기획하고 이끌어 나갔다.

안전함을 부수는 선택

클림트의 작품으로 〈키스〉만 알고 있다면 〈목가〉가 그의 작품이라는 사실을 알았을 때 조금 놀랄 수 있다. 황금빛 배경에 낭만적인 느낌의 남녀가 그려진 그림과는 전혀 다른 고전적인 분위기를 풍기기 때문이다.

역사 속에서 〈목가〉와 유사한 작품을 찾으라면 근육질의 두 남자가 손가락을 서로 마주하고 있는 〈천지창조〉가 떠오른다. 르네상스의 거장 미켈란젤로 부오나로티는 클림트에게 동경의 대상이었다.

클림트는 금빛 작품들을 탄생시키기 이전까지 고전주의 작품 활동을 했다. 그러나 클림트는 아카데믹한 고전주의에 머물지 않았다. 그는 고전주의 미술로 인정 받으며 주목받는 젊은 작가였기에 비슷한 류의 그림을 그리기만 해도 수입이 보장되었겠지만 과

구스타프 클림트, 〈목가〉, 1884

거의 틀과 지금의 자신을 완전히 분리한 후 변화를 선택한다.

그는 독일의 정신분석학자 지그문트 프로이트의 심리학과 오스트리아의 극작가 호프만 스탈의 작품을 접하며 그들이 보여준 환상과 꿈의 세계로 빠져든다. 역사상 고전주의와 새로운 미술 사조를 동시에 시도한 작가는 많았지만, 클림트는 고전주의와 현대 미술에서 동시에 성공한 유일한 작가로 기록되고 있다.

클림트는 자신과 마찬가지로 알을 깨고 새로운 세상으로 향한 후배 양성에 있어서도 적극적이었다. 그 중 틀에 박힌 아카데미에서 뛰쳐나온 에곤 실레는 클림트의 임종을 지켰을 정도로 가까운 후배 화가였다.

학문의 한계를 그려드립니다

　1894년, 오스트리아 교육부는 클림트와 그의 동료 프란트 마치에게 빈대학교의 천정화를 주문한다. 당시 대학의 4대 학문은 신학, 철학, 법학, 의학이었는데 클림트는 신학을 제외한 나머지 세 개의 주제를 맡는다. 이 작품들은 모두 흑백으로만 남아있다.

　클림트의 작품은 의뢰인을 만족시키지 못했다. 〈철학〉은 불길한 스핑크스를 등장시켜 거대한 자연의 흐름 속에서 인간의 철학과 이성 따위가 보잘것없어 보인다는 평을 받았다. 〈의학〉은 건강의 여신 히게이아와 산처럼 쌓인 사람들이 죽음에 가깝게 그려져 있어 의학이 결국 아무런 힘도 없어 보인다는 평을 받았다. 〈법학〉은 정의의 여신이 아닌 부조리함이 노인을 심판하는 것처럼 보여 법의 무의미함을 보여주는 것이 아니냐는 평을 받았다.

　세상에 완벽한 학문은 없다. 인간은 학문의 부족함을 채우고자 연구를 계속한다. 그것이 대학의 존재 이유일 것이다. 클림트는 자신이 생각하는 바를 그림으로 옮겼다. 아카데미에서 벗어나겠다고 선언한 클림트는 클라이언트의 기분을 맞추는 것보다 자신의 미술 세계를 보여주는 것이 더 중요했다.

　학문의 한계를 드러내며 완벽하지 않는 학문을 직면시키는 듯한 이 작품들은 대학에서 환영받지 못했다. 클림트는 이 작품들을 끝으로 더 이상 공공기관의 의뢰를 받지 않겠다고 선언한다.

좌상. 구스타프 클림트, 〈철학〉, 1907
우상. 구스타프 클림트, 〈의학〉, 1907
좌하. 구스타프 클림트, 〈법학〉, 1907

독창성과 전통 사이에서

미술을 구성하는 요소에 대해 말할 때 '독창성과 전통'은 아주 중요하게 다뤄진다. 그 어떤 미술도 과거와의 연결선상에 있지 않는 것이 없다. 그러나 동시에 현재의 미술이 과거에 머물지 않고 독창성을 가지는 것도 반드시 필요하다.

입체주의를 발표한 스페인의 화가 파블로 피카소의 작품은 대상을 다양한 각도로 바라본다는 점에서 완전히 새로운 미술로 평가되었지만, 이전에 다각도의 정물화를 그린 폴 세잔이 있었고 그보다 더 이전에 원근법 없이 그린 중세 미술이 있었으며 그보다 훨씬 더 이전에 정면성의 원리에 입각한 이집트 미술이 있었다.

새로움을 추구하며 자극적인 스타일의 작품을 보여주려던 클림트는 전통의 가치를 다시 바라본다. 산업혁명 이후 기계가 만드는 싸구려 예술이 양산되었고 저품질에 피로감을 느낀 사람들이 다시 자연과 장인 정신을 찾은 것이다. 꽃과 자연을 모티브로 수작업의 가치를 찾는 아르누보다.

클림트는 여기에서 더 나아가 중세 비잔틴 미술의 장식적인 묘사와 값비싼 재료의 사용에서 오는 영험함을 유화 작품에 재현한다. 아버지가 금 세공사였기에 그는 금 다루는 기술을 배우는 것이 남들보다 쉬웠을 것이다.

중세는 과거의 미술이자 역사 속 산물이라고만 생각했던 미술계

구스타프 클림트, 〈키스〉, 1907

에서 클림트의 금빛 작품은 파격 그 자체였다. 재료의 사용뿐만 아니라 완벽한 구도와 색감 표현, 감각 있는 패턴은 압도적이었다.

상업화(혹은 제품화)된 개수로 미술 작품의 성공을 측정한다면 〈키스〉는 단연 가장 성공한 작품이다. 〈키스〉는 클림트의 개인 작업이 아니었다. 클림트가 유일하게 사랑했던 한 여인을 위해 그린 사랑의 표현이었다.

당신과는 오직 사랑만

클림트는 하고 싶은 것은 반드시 하고야 말았고 하기 싫은 것은 절대로 하지 않았던 괴팍한 성격의 소유자였다. 그는 손으로 글씨 쓰는 행위를 굉장히 싫어했는데, 그런 그가 에밀리라는 한 여성에게 400여 통의 편지를 보냈다는 것은 매우 놀라운 일이다.

성(性)에 관한 주제로 그림 그리기를 좋아했던 클림트는 수많은 여성과 성관계를 가졌던 난봉꾼이었다. 그는 에로티시즘에 기반해 여성들을 그렸는데 그들은 남자와 뭔가를 하거나 벌거벗은 경우가 대부분이다.

에밀리는 그의 그림에서 유일하게 정숙한 모습으로 등장하는 여성이다. 그들은 육체 관계가 아닌 플라토닉 사랑을 추구했으며 27년의 시간을 함께했다.

그러나 에밀리로선 다른 여성과 서슴없이 성관계를 가지는 클림트를 견디기 힘들었을 것이다. 지친 에밀리가 그를 떠나려고 할 때 그녀를 붙잡고자 그린 작품이 바로 〈키스〉다.

클림트가 에밀리에게 보낸 수많은 편지 중 대중적으로 알려진 편지가 하나 있다. 편지지 안에 아르누보 풍의 꽃 그림이 보이고 그 아래에 그가 에밀리에게 보내는 간단한 글귀가 적혀있다. '꽃이 없어 꽃을 그려 보냅니다.'

이 편지를 처음 읽었을 때 그녀의 표정은 어땠을까. 편지에서

좌. 구스타프 클림트, 〈에밀리에게 보낸 편지〉, 1908
우. 구스타프 클림트, 〈에밀리 플뢰게의 초상〉, 1902

향기가 나는 듯해 냄새를 맡아보지 않았을까. 연인에게 손으로 적어 보낸 마음 한 줄은 그 어떤 말보다 달콤하다.

클림트는 수많은 여성과 관계를 가졌고 사후 열네 건의 친자 확인 소송이 있었으며 그중 네 건은 받아들여져 양육비가 청구되었다. 그렇지만 그는 육체적 사랑과 정신적 사랑을 분명히 구분짓고 평생에 걸쳐 지켜나갔다. 에밀리도 동의했기에 함께 사랑을 이어 나갔을 것이다. 둘 사이의 사랑을 두고 제3자가 옳고 그름을 판단할 수는 없다. 서로 가치관이 맞다면 좋은 사랑을 한 것이다.

_____ **인생의 가치관 확립하기**

클림트는 자신만의 확고한 가치관으로 미술과 사랑의 방식을 선택했다. 그는 살아생전 성공한 화가로 인정받았으며 평생의 동반자와 함께할 수 있었다.

인생의 가치관이 아직 확립되지 않은 사람도 있을 테고 일부는 확실하지만 일부는 비어있는 사람도 있을 테다. 예를 들어 사업과 일에 있어서는 목표와 방향이 확실하지만, 연애나 결혼은 채워지지 않아 다가오는 이성을 어떻게 대해야 할지 몰라 당황하는 경우도 있는 것이다.

아직 가치관이 정립되지 않았다고 생각한다면 삶에서 중요하게 생각하는 것들의 리스트를 만들어보자. 다양한 가치를 나타내는 단어들 사이에서 골라도 좋고 생각하는 것들을 적어봐도 좋다.

　이후에는 인생에 있어 정말 좋은 순간이라고 느낀 리스트를 만들어보자. 살아있음을 느끼게 해준 경험도 좋고, 행복을 느끼게 해준 경험도 좋으며, 인생의 전환점이 되었던 순간도 좋다. 몰입하며 즐거움을 느낀 경험은 반드시 체크하자.

　타인의 어떤 모습을 부러워하고 있는지 확인하는 것도 중요하다. 부러움은 자신에게 중요하다고 생각하는 요인에서만 나오는 감정이기 때문이다.

　이렇게 만든 가치관이 지금의 삶에 부합하는지, 어떤 모습이 되고 싶은지, 삶의 끝에서 어떤 사람으로 기억되고 싶은지 등을 떠올려보면 가치관에 따라 지금 잘 살아가고 있는지도 확인할 수 있을 것이다.

일상과 예술의 지평선 05

나를 안아주는 그림
나를 치유하는 미술

초판 1쇄 발행 2023년 10월 20일
초판 2쇄 발행 2023년 10월 27일

지은이 | 김소울
펴낸곳 | 믹스커피
펴낸이 | 오운영
경영총괄 | 박종명
편집 | 김형욱 최윤정 이광민 김슬기
디자인 | 윤지예 이영재
마케팅 | 문준영 이지은 박미애
디지털콘텐츠 | 안태정
등록번호 | 제2018-000146호(2018년 1월 23일)
주소 | 04091 서울시 마포구 토정로 222 한국출판콘텐츠센터 319호(신수동)
전화 | (02)719-7735   팩스 | (02)719-7736
이메일 | onobooks2018@naver.com   블로그 | blog.naver.com/onobooks2018

값 | 18,000원
ISBN 979-11-7043-460-3 03180

ⓒ Will Cotton / Artists Rights Society (ARS), New York - SACK, Seoul, 2023
ⓒ 2023 The Andy Warhol Foundation for the Visual Arts, Inc. / Licensed by Artists Rights
   Society (ARS), New York - SACK, Seoul
ⓒ Marc Chagall / ADAGP, Paris - SACK, Seoul, 2023
ⓒ René Magritte / ADAGP, Paris - SACK, Seoul, 2023
ⓒ 2023 - Succession Pablo Picasso - SACK (Korea)
ⓒ Remedios Varo /VEGAP, Madrid-SACK, Seoul, 2023
이 서적 내에 사용된 일부 작품은 SACK를 통해 ARS, Warhol Foundation, ADAGP, Picasso Administration, VEGAP과 저작권 계약을 맺은 것입니다.
저작권법에 의하여 한국 내에서 보호를 받는 저작물이므로 무단 전재 및 복제를 금합니다.

* 믹스커피는 원앤원북스의 인문·문학·자녀교육 브랜드입니다.
* 잘못된 책은 구입하신 곳에서 바꿔드립니다.
* 이 책은 저작권법에 따라 보호받는 저작물이므로 무단 전재와 무단 복제를 금지합니다.
* 원앤원북스는 독자 여러분의 소중한 아이디어와 원고 투고를 기다리고 있습니다.
  원고가 있으신 분은 onobooks2018@naver.com으로 간단한 기획의도와 개요, 연락처를 보내주세요.